KB271698

F - 커머스

F-커머스

초판 1쇄 발행 2011년 9월 10일

지은이 김영한·김현영
펴낸이 변선욱
펴낸곳 왕의서재
마케팅 변창욱·이지연

출판등록 2008년 7월 25일 제313-2008-120호
주소 서울특별시 서대문구 합동 116 SK리쳄블 1507호
전화 02-3142-8004
팩스 02-3142-8011
이메일 latentman75@gmail.com

필름 출력 스크린그래픽센터
인쇄·제본 삼조인쇄(주)

ISBN 978-89-93949-45-2 13320

책값은 표지 뒤쪽에 있습니다.
파본은 본사와 구입하신 서점에서 교환해드립니다.

F·커머스

F-COMMERCE

김영한·김현영 지음

페이스북을 활용한 F-커머스, 블루오션이 열리다

"Yes!" 내가 답을 찾고 외친 한마디이다. 나는 40년 동안 IT비즈니스와 함께해왔다. 60년대 진공관컴퓨터, 70년대 대형컴퓨터, 80년대 미니컴퓨터, 90년대 퍼스널컴퓨터, 2000년대 인터넷 그리고 2010년도 소셜에 이르기까지 IT비즈니스의 변화를 내 눈으로 직접 보아왔다.

의심할 여지없이, 지금의 스마트폰은 70년대 대형컴퓨터보다 몇백 배 더 강력하다. 거기에다 소셜은 2000년대의 인터넷보다 몇 배 더 큰 변화를 몰고 왔다.

과거의 IT가 주로 기업에게 새로운 힘을 주었다면, 지금의 IT는 개인에게도 새로운 기회를 준다. 과거의 IT시스템은 돈이 너무 많이 들어간다. 모든 프로세스를 프로그램으로 개발해야 하는데 인력과 돈이 엄청나게 들어간다. 프로그램뿐만 아니라 IT기기도 필요하다. 무엇보다도 IT기기는 비용이 많이 든다. 아무리 작은 것이라고 하더라도 적게는 몇억 원에서 많게는 몇백억 원까지 든다. 이 장비를 운영하기 위한 네트워크 비용까지 계산하면 실로 어마어마한 돈이 아닐 수 없다.

사정이 이렇다보니 작은 회사에서 IT시스템을 운영한다는 것은 '그림의 떡'에 불과하다. 개인은 IT시스템에 데이터를 제공하는 정도에 불과하지, 자신이 IT시스템의 주역이 된다는 것은 불가능했다.

그러나 소셜네트워크Social Network가 등장하면서 사정은 완전히 바뀌었다. 하드웨어나 네트워크는 소셜 캐피털로 바뀌어서 누구나 자유롭게 이용할 수 있게 됐다. 소셜웨어마저도 소셜네트워크서비스SNS회사가 무료로 공개한다.

페이스북Facebook이나 트위터Twitter를 이용하면서 이용자는 돈을 내지 않는다. 소프트웨어도 공짜. 네트워크도 공짜, 하드웨어도 공짜이다. 공짜이면서도 그 품질은 세계 최고 수준이다.

이 중에 가장 앞선 SNS가 페이스북이다. 페이스북은 다른 SNS와는 다르게 소셜네트워크를 플랫폼Platform화했다. 인맥관리와 소통뿐만 아니라 비즈니스에 이용할 수 있도록 홈페이지를 제작할 수 있는 페이지Page기능을 추가한 것이다.

이 페이지^{Page}를 이용하면 누구나 페이스북의 이용자 7억 명을 고객으로 만들 수 있다. 요약하면 홈페이지를 공짜로 만들고, 전 세계 고객을 내 비즈니스로 끌어올 수 있으며, 전 세계 네트워크를 공짜로 이용할 수 있는 것이다.

페이스북에서 상거래가 활발해지자 F-커머스^{F-Commerce}라는 신조어가 탄생했다. F-커머스란 '페이스북에서 하는 e비즈니스'를 말한다. 홍보와 팬 관리는 물론 쇼핑몰을 만들어 상품을 판매하는 것까지 포함하는 신개념이다.

기업에서 광고 판촉비를 들여 고객을 모아오고 IT인프라에 투자해 시장을 장악하던 시대는 지나갔다. 누구나 페이스북에서 커머스 페이지를 만들어 전 세계 페이스북 이용자들을 상대로 비즈니스를 할 수 있다.

우리는 아직까지 이 F-커머스에 생소하다. 미국에서 붐을 일으키는 현상은 남의 일 같다. SNS가 소개된 것이 불과 2~3년 전의 일이고 페이스북에서 페이지 기능을 제공한 것은 최근의 일이기 때문일 것이다. 국내에 페이스북이 본격적으로 보급되기 시작한 것도 2010년에 스마트폰의 보급이 늘어나면서부터이다.

한편 F-커머스는 기술적인 이해도가 있어야 가능한 일이다. 그런데 소셜네트워크의 기술자들은 비즈니스에 대한 이해가 부족하고 비즈니스맨은 기술에 대한 이해가 부족하다.

다행히 최근에 소셜네트워크와 비즈니스를 연결하려는 시도를 하면서 F-커머스에 대한 관심도 높아지고 있다. 이 책은 SNS를 활용한 비즈니스에 관심을 갖고 있으며, F-커머스를 시도해 보려는 분들을 위해 쓰였다. 특히 필자가 소셜 비즈니스와 F-커머스를 실행하면서 얻은 체험스토리를 통해 값진 노하우도 얻어갈 수 있으리라 믿는다.

프롤로그 페이스북을 활용한 F-커머스, 블루오션이 열리다 ——— 004

PART 1 비즈니스 신대륙, 소셜

무인도 홈페이지 ——— 015
10억 명의 소비자를 부르는 소셜 자본 ——— 017
공짜 공짜 공짜…… ——— 020
소셜 미디어와 마케팅은 찰떡궁합 ——— 023
다시 쓰는 성공 신화 ——— 026
마케팅의 80%를 고객이 해주는 시대 ——— 029
고객 깔때기를 다시 디자인하다 ——— 032
최고의 바이럴 효과 ——— 035
바이럴 지수를 높여라 ——— 039

PART 2 진짜 소셜 커머스, F-커머스

소셜 커머스의 4가지 유형 ——— 045
F-커머스란? ——— 050
미국은 F-커머스 붐 ——— 054
소셜 펀딩의 탄생 ——— 057
일본의 작은 회사, 해외진출 성공 배경 ——— 061
국내에서는 왜 F-커머스가 생소할까? ——— 064
F페이지는 글로벌스탠더드 홈페이지 ——— 067
K팝을 유럽에 상륙시킨 소셜 경영 ——— 070
F-커머스 실행 엔진 ——— 074

PART 3 페이스북은 입점료 없는 쇼핑 플랫폼

페이스북은 지상 최대 장터 —————————— 079
비즈니스 에코시스템 —————————— 082
페이스북은 고객 생태계 —————————— 087
누구나 무료로 쇼핑몰을 연다 —————————— 089
4천만 명의 팬을 가진 레이디 가가 —————————— 092
F-커머스 미국 사례 —————————— 095
F-커머스 일본 사례 —————————— 114
F-커머스 국내 사례 —————————— 119
국내에서도 페이지 이용이 늘고 있다 —————————— 130

PART 4 페이스북이 귀띔하는 F-커머스의 장점

상품 개발에 고객의 소리 반영 —————————— 135
고객 인지도 향상 —————————— 138
고객 선호도 향상 —————————— 141
트래픽과 세일즈 증가 —————————— 144
바이럴 효과 —————————— 147
살아 있는 데이터 분석 —————————— 150

F—커머스 실행 7단계

PART 5

F숍 만드는 7스텝	155
Step1. 상품 선정	157
F숍에 적합한 상품을 선택한다	
서비스나 소프트웨어 상품도 판매할 수 있다	
Step2. 비즈니스모델 & 간판 걸기	159
비즈니스모델을 바꿀 수 있는 기회	
비즈니스모델 만들기	
콘셉트에 맞는 간판을 건다	
Step3. F숍 페이지 개설	166
페이스북 페이지 만들기	
기능을 디자인한다	
Step4. 상품 올리기	172
상품 올리기	
콘텐츠를 올려 흥미를 유발한다	
Step5. 결제기능 심기	179
결제모듈을 심으면 커머스가 가능하다	
행정 절차를 거친다	
Step6. F숍 마케팅	184
F숍 알리기	
페이스북 광고	
팬과 대화한다	
Step7. 실적 분석	189
매출을 관리한다	
고객 테이터 분석	

PART 6 저커버그가 생각하는 것처럼 생각하라

김 대표의 위기 — 195
비즈니스모델의 모험 — 198
마케팅을 위해 소셜을 시작하다 — 201
아무도 관심을 주지 않다 — 203
무료 비즈니스모델로 바꾸다 — 206
왜 페이스북 학과가 없을까? — 209
새로운 길 '페이지'의 발견 — 213
비즈니스모델의 완벽한 재탄생 — 215
한국 최초, F숍 페이지 개설 — 219

애필로그 F-커머스 신화의 주인공은 바로 당신이다 — 222

Part1 비즈니스 신대륙, 소셜

무인도 홈페이지

중소기업을 운영하는 김 대표는 항상 마케팅이 고민이다. 작은 기업이다 보니 고객에게 자신의 상품을 알릴 방법이 마땅치 않다. TV광고는 상상도 못하고 신문광고도 비용이 만만치 않아 선뜻 집행하기도 어렵다. 그래도 어떻게 가만히 앉아 보고만 있을 수 있나? 큰맘 먹고 신문광고를 내기로 했다.

마침내 손꼽아 기다리던 광고가 나오는 날, 아침부터 전화기만 쳐다본다. 오전이 지나도 전화가 없고 오후가 돼서야 한두 통의 문의가 오지만 그마저도 구매로 연결되지는 않는다. 그렇다고 세일즈맨을 채용해 전국을 누비게 할 수도 없는 탓에 김 대표는 홈페이지를 개발하기로 했다.

홈페이지를 제작하려니 개발자를 구하는 일도 만만치 않고 개발비도 적지 않게 들어간다는 걸 알았다. 사정사정해서 가격을 깎아 개발에 들어간 지 한두 달 후에야 홈페이지가 만들어졌다. 마음에 썩 들지는 않지만 기술을 모르니 손을 댈 수는 없는 일이고, 그냥 오픈하기로 작정한다.

'어렵사리 개발한 홈페이지이니까 누군가 찾아오겠지' 하는 막연한 생각을 품고 방문자를 분석해본다. 일주일이 지나도 2주일이 지나도 방문자가 거의 없다. 당황한 김 대표가 개발자에게 어찌된 일

인지 자초지종을 물어보니 그의 대답은 이렇다. "홈페이지도 홍보를 해야지요?" 어떻게 홍보하냐고 물으니 포털이나 검색엔진에 배너, 혹은 키워드 광고를 해야 한다는 것이다.

포털의 배너광고비를 물어보니 신문광고비보다 더 비싸다. 광고비를 줄이려고 홈페이지를 만든 것인데 또 광고비가 필요하다고 한다.

키워드광고를 해서 방문자를 늘린다 해도 콘텐츠가 도움이 되지 않으면 꽝이다. 신제품이 나와서 콘텐츠를 바꾸거나 기능의 일부를 수정하려 해도 다시 개발자를 찾아서 수정해야 한다. 이런 저런 이유로 돈 들여서 개발한 홈페이지는 무인도가 돼 버린다.

10억 명의 소비자를 부르는 소셜 자본

2010년 3월, 무료 메시지 서비스인 카카오톡 KakaoTalk 이 출시되자마자 폭발적인 인기를 얻기 시작했다. 처음에는 아이폰의 앱 App 으로 서비스됐으나 이것이 안드로이드로 확대되면서 1년 만에 1천만 명이 넘는 회원이 카카오톡을 이용하고 있다.

카카오톡은 고객이 가지고 있는 스마트폰에서 앱을 내려받아 쓰는 것이어서 단말기를 만들 필요가 없다. 통신회선도 이동통신사들이 이미 구축해 놓은 무선망을 이용하면 된다. 앱을 유통시킬 때에도 아이폰이나 안드로이드의 앱스토어 AppStore 를 이용한다. 무료로 앱을 내려받게 만들어 고객 숫자를 늘리면 여러 가지 비즈니스를 할 수 있다. 하루에 20억 건 이상의 문자가 오고가기 때문에 광고 효과는 엄청나다. 선물하기 기능을 집어 넣어 미니 쇼핑몰도 만들었다. 카카오톡은 이미 개방된 사회 자본 Social Capital 을 이용한 것이다.

3~4년 전만 해도 생각하지 못했던 새로운 소셜 자본들이 나타났다. 국내 스마트폰이 1500만 대를 넘어서 2000만 대를 향해 가고 있다. 사회생활을 하는 국민의 40~50%가 온종일 스마트폰을 가지고 생활한다.

고객이 돈을 들여 태블릿PC나 스마트TV를 구매하는 경우 실내에서도 스마트기기의 이용이 늘어난다. 이동통신사들은 빠르게 무선인터넷을 사용할 수 있도록 3G에서 4G로 업그레이드하고 있다. 스마트의 물결이 통신업계를 장악한 것이다.

스마트기기의 운영체제^{OS}는 대부분 아이폰과 안드로이드로 통일되고 있다. 아이폰과 안드로이드용 앱을 개발하면 대부분의 스마트기기에 접근할 수 있다. 그동안의 스마트기기는 개인들이 혼자서 커뮤니케이션하는 용도로 쓰였으나, 소셜네트워크가 등장하면서 거대한 집단이 만들어지고 이들 간에 소통하는 공간이 만들어졌다.

대표적인 SNS인 페이스북을 예로 들면 전 세계 7억 명이 모여서 친구관계를 맺고, 또 서로 소통하고 있다. 이들 7억 명은 눈에 보이지 않는 새로운 시장^{Market}이고 페이스북이나 트위터는 이들에게 접근할 수 있는 새로운 채널^{Channel} 역할을 한다. 스마트기기, 통신, 플랫폼, 채널 등의 소셜 자본^{Social Capital}은 개방돼 있고, 소셜로 연결돼 있는 소셜 소비자^{Socialsumer} 10억 명 정도가 당신을 기다리고 있는 셈이다.

3년 전까지만 해도 없었던 소셜 자본들

Device

Platform

Channel

Social Sumer

7~8년 전만 해도 대중에게 메시지를 전달할 수 있는 미디어는 신문, TV, 잡지 등의 매스미디어뿐이었다. 휴대폰이 생기면서 문자 메시지가 등장했고 인터넷이 발달하면서 블로그Blog가 개인 미디어의 역할을 꿰찼다. 또한 트위터는 휴대폰의 문자 메시지 같은 단문 블로그를 만들어 개인이 미디어가 될 수 있는 소셜 미디어 시대를 열었다.

곧바로 바통을 이어받은 소셜네트워크서비스가 소셜 미디어 기능을 강화했다. 소셜네트워크서비스가 스마트폰에 앱으로 서비스되면서 개인 미디어 역할을 하게 됐다. 개인이 수천, 수만 명의 친구를 소셜네트워크로 모으고, 스마트폰이나 PC로 자신의 메시지를 전파할 수 있게 된 것이다. 이 메시지를 다시 친구가 재전송RT하게 되면 바이러스처럼 빠르고 넓게 확산돼서 매스미디어보다 더 강력한 미디어가 될 수 있다. 소셜 미디어Social Media란 사람들이 자신의 생각과 의견, 경험, 관점 등을 다른 사람과 공유할 수 있는 온라인 툴Tool과 플랫폼Pletform이다.

소셜 미디어라는 말을 처음 사용한 사람은 가이드와이어그룹의 창업자인 크리스 쉬플리이다. 소셜 미디어는 크게 5가지인 블로그Blog, 소셜네트워크서비스Social Network Service, 손수 제작 동영상UCC, 마이크로 블로그, 위키^{Wiki}로 나뉜다.

이상 5가지 유형의 소셜 미디어들은 한 가지 공통점이 있는데, 모두 공짜 서비스라는 점이다. 블로그는 포털 회사들이 고객 숫자를 늘리기 위해 무료로 서비스하고, SNS 회사들 역시 처음에 고객을 늘리기 위해 무료로 서비스를 시작해 지금까지도 공짜이다.

마이크로 블로그인 트위터도 처음에 단문 서비스를 부담 없이 이용하라고 무료로 서비스했고, UCC도 유튜브가 처음에 무료로 서비스를 시작해 지금까지 무료이다.

이들 서비스를 처음 시작한 회사들이 지금은 세계 최고의 기업으로 성장했기 때문에 결국 고객들은 세계 최고의 소셜 미디어를 모두 무료로 이용할 수 있는 행운을 얻게 된 것이다.

		블로그	SNS	위키	UCC	마이크로블로그
사용 목적		정보 공유	관계 형성 엔터테인먼트	정보 공유 협업에 의한 지식 창조	엔터테인먼트	관계 형성 정보 공유
주체:대상		1:N	1:1 1:N	N:N	1:N	1:1 1:N
사용 환경	채널 다양성	인터넷 의존적	인터넷 환경 이동통신 환경	인터넷 의존적	인터넷 의존적	인터넷 환경 이동통신 환경
	즉시성	사후 기록 인터넷 연결시에만 정보공유	사후 기록, 현재 시점 기록 인터넷/이동통신 연결시 정보공유	사후 기록 인터넷 연결시 창 작/공유	사후 제작 인터넷 연결시 콘텐츠 공유	실시간 기록 인터넷/이동통신 연결시 공유
콘텐츠	주요 콘텐츠	특정 주제에 대한 주관적 논평 신변잡기 정보	신변잡기 정보	협업에 의해 창조 된 지식 지속적/역동적 업 데이트	특정 주제에 대 한 동영상	현재 상태, 개인적 감정 (문자 수 제한)
	신뢰성	주관적 해석/비판 악의적 왜곡 가능 성 낮음(블로거 평 판 훼손 우려)	악의적 왜곡 가능 성 낮음(실명 기반 네트워킹)	주관적 해석/비판 악의적 왜곡 가능 성 낮음(IP주소 추 적 기능)	주관적 해석/ 창의성에 의한 원콘텐츠의 희 화화 등 왜곡 가능성 존재	정보 왜곡 위험성 존재(콘텐츠 생성 주체의 익명성)
대표 사례		개인 블로그	페이스북 마이스페이스	위키피디아	유튜브	트위터

소셜 미디어와 마케팅은 찰떡궁합

트위터가 불특정다수의 많은 사람들이 오고가는 길거리라면, 페이스북은 사랑방이라고 할 수 있다. 이미 친분관계가 있거나 친분을 맺고자 하는 사람들이 모여서 수다를 떠는 사랑방 말이다.

사랑방에 처음 들어온 사람은 처음부터 대화에 깊이 관여하지 못한다. 처음에는 서로 인사를 나누고, 이야기를 듣고, 조금씩 사랑방 사람들의 수다에 동참하는 과정을 밟아가며 차츰 관계를 쌓아간다. 이렇듯 페이스북은 인맥구축과 관계형성이 주요 목적이다. 그리고 이 관계를 활용해 많은 인맥을 넓혀 정보를 공유하고, 서로에게 즐거움도 준다.

혹자는 이렇게 생각할 수도 있다. '페이스북이라는 소셜 미디어를 비즈니스에 응용할 수 있을까?' 7억 명 이상이 모인 가장 커다란 그릇 아닌가?

2011년에 들어서면서부터 기업이나 조직에서는 이 페이스북 활용에 주목하고 있다. 실제로 몇몇 기업들은 페이스북을 활용한 마케팅으로 효과를 보는 사례가 늘어나고 있다.

불과 10여 년 전에 인터넷 홈페이지를 활용한 마케팅이 모든 홍보와 마케팅의 중심을 차지하면서 기업 홈페이지가 없으면 홍보·마케팅의 기본조차 모르는 것으로 간주하던 시대가 있었다. 그러나 마이크로 사이트가 점점 유행하면서 싸이월드, 블로그가 기업의 홍보 마케팅의 중추적인 역할을 하게 됐다.

그러나 이제는 소셜 미디어가 마케팅의 중심에 있다고 해도 과언이 아닐 정도로 소셜 미디어를 활용한 마케팅의 중요성이 커지고 있다. 그렇다면, 이 소셜 미디어가 중요한 위치로 부상하는 것은 어떤 이유에서일까?

필자는 바이럴 마케팅 때문이라고 생각한다. 바이럴은 이제 마케팅의 최상위 목표가 됐다. 많은 마케팅 커뮤니케이션 활동이 결국은 이 바이럴을 만들어내기 위한 전초전일 뿐이다.

과거에는 기업이 마케팅 활동을 통해 새로운 브랜드를 알리고 이를 인지한 소비자가 별다른 이견 없이 구매결정을 내렸다. 하지만 지금은 구매결정을 하기 전에 지인들 의견을 듣고 그 의견을 바탕으로 자료를 검색하고 면밀히 검토한 후에 구매를 한다.

기존 마케팅에서는 소비자 구매행동 과정이 인지, 태도형성, 구매의 순차적 프로세스로 이루어져, 기업에서는 인지 단계에서 가장 많은 광고비를 사용하고 적절한 프로모션 활동을 펼쳐왔다. 그러나 소셜 미디어 시대에는 먼저 경험한 사용자의 바이럴이 태도형성 단계에 강력한 영향력을 미쳐, 사용자들의 구매 후 의견형성에 관심을 가지는 것이 중요하다.

이런 면에서 봤을 때, 기업은 SNS를 활용해 소비자들과 진정성 있는 관계를 맺어가는 것이 중요하다. 페이스북은 소비자들 사이에

서 좋은 입소문을 낼 수 있도록 효과적인 마케팅 플랫폼으로 활용
해 나가는 데 더 없이 좋은 매체인 것이다.

1위 소셜 게임 업체인 징가Zinga의 설립자는 마크 핀커스Mark Pincus 이다. 실리콘밸리의 스타들이 대부분 20대에 창업한 데 반해, 그는 40대에 창업해 성공한 케이스이다. 징가는 그의 4번째 회사이다. 이전에 인터넷방송회사, 소프트웨어 회사 등을 운영했지만 실패를 거듭했다.

부진한 회사의 활로를 찾던 중 페이스북을 발견한 그는 소셜네트워크의 힘을 믿기로 결심했다. 그는 페이스북의 고객을 끌어들일 수 있는 게임을 개발하기로 하고 팜빌FarmVille이라는 소셜 게임을 만들었다. 6천만 명 이상이 팜빌의 고객이 될 줄 예상한 사람은 아무도 없었다.

핀커스는 이런 식으로, 소셜의 파워를 믿고 소셜 게임을 개발해 징가를 매출 10억 달러짜리 회사로 키워냈다. 그동안 몇 번의 실패를 거듭했지만, 그는 소셜지능이 남다르게 탁월했다고 말할 수 있다. 소셜지능Social Intelligence이란 소셜의 이해도와 활용도에 대한 지능으로 페이스북의 마크 저커버그도 소셜지능이 높은 사람이라고 할 수 있겠다.

소셜지능은 7단계로 구분할 수 있다. 1단계는 아날로그 성향에 개인주의가 강한 사람이고 7단계는 디지털 성향에 소셜네트워크가 강한 사람이라고 보면 된다.

과거 아날로그 시대에 성공의 필요조건이었던 개인적인 카리스마 리더십은 디지털 시대로 오면서 공유와 참여의 리더십으로 대체될 운명에 처해졌다. 기존 개인주의 리더십을 갖춘 사람들이 2~3단계의 소셜지능으로 넘어오면서 힘이 빠지고, 4단계 정도에 이르러서는 시대 변화에 적응하지 못하고 무기력해지는 모습을 보인다.

5단계 소셜지능은 소셜네트워크의 힘을 이해하고 참여하는 사람들이 해당된다. 페이스북 친구가 1000명 정도, 트위터의 팔로어가 5000명 정도가 되면 5단계라고 할 수 있다. 6단계는 소셜네트워크를 이용한 비즈니스모델을 사업에 반영해 작은 성공을 맛보는 단계이다. 7단계는 소셜네트워크를 이용해 글로벌 비즈니스에서 성공하는 단계이다. 앞에서 이야기한 페이스북의 저커버그, 징가의 핀커스 같은 사람들은 소셜지능 7단계에 이른 사람들이라고 할 수 있다.

독자 여러분은 어느 단계의 소셜 지능에 와 있는가?

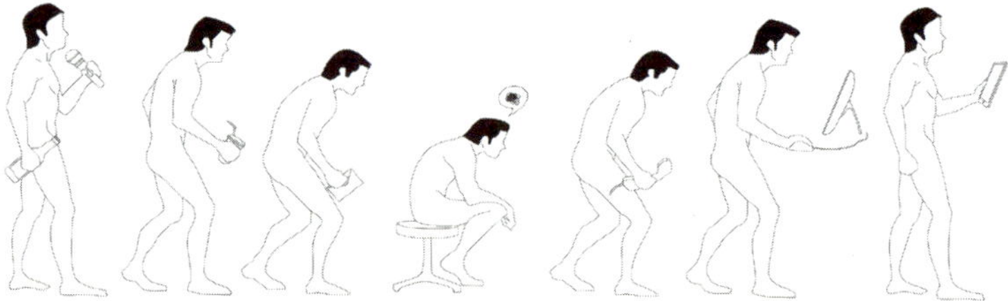

아날로그 파워
소셜 파워

마케팅의 80%를 고객이 해주는 시대

1970년대, 미국에서 마케팅이 급속히 확산됐다. 초기에는 주로 광고 위주로 마케팅이 전개됐고 광고 회사들이 마케팅의 전도사 역할을 자처했다.

이들은 기업주에게 광고의 필요성을 알리기 위해 마케팅을 했고 이때 사용한 이론이 'AIDMA원리'였다. AIDMA는 주의Attention, 흥미Interest, 욕구desire, 기억Memory, 행동Action의 약자로 한마디로 광고가 중요한 역할을 한다는 것이다.

특히 광고를 보고 기억Memory했다가 매장에서 구매Action를 하기 때문에 여러 번의 광고가 필수라고 강조했다. 이후 AIDMA원리는 마케팅의 금과옥조처럼 여겨져 2000년대까지 전수돼왔다.

하지만 2000년대 초부터 인터넷이 널리 쓰이면서 이 AIDMA원리가 잘 통하지 않게 됐고, 새로운 구매 패턴이 등장했다. 즉, 인터넷 검색 기능이 광고의 역할에 변화를 주기 시작했고 소비자도 수동적인 자세에서 능동적인 자세로 바뀌게 된 것이다. 검색Search과 공유Share 기능이 강화되면서 'AISAS'라는 새로운 원리가 등장한 것이다.

이는 주의Attention, 흥미Interest, 검색Search, 행동Action, 공유Share의 패턴으로 대변된다. 이와 함께 인터넷쇼핑몰과 오픈마켓이 급성장하면서 재래시장이나 전문 유통점을 무력화시키는 새로운 시장질서

가 나타났다.

불과 10여 년 후, 또 다른 소비 패턴이 휘몰아쳤다. 소셜네트워크가 등장한 2010년부터라고 하면 맞을 것이다. 개인이 스마트폰이나 태블릿PC와 같은 장비를 가지면서 소비자가 미디어 성격을 띠게 된 것이다. 인터넷에 댓글을 다는 단순 행위에서 벗어나 소셜네트워크 서비스를 통해 의견을 적극적으로 전파 Viral 한다.

또한 이들은 자신의 소셜네트워크 친구들을 늘리기 위해 또 다른 친구를 끌어들인다. 이런 소비자가 소셜 슈머 Social Sumer 인데 이들이 늘린 친구가, 기업 입장에서 봤을 땐 새로운 고객이 된다.

소셜 슈머의 구매과정은 'DSAVI'로 설명할 수 있다. 욕구 Desire, 탐색 Search, 행동 Action, 전파 Viral, 유입 Induce 의 약자이다. 이제 마케팅의 80%는 고객이 해주는 시대가 온 것이다.

아날로그 소비자 구매과정 AIDMA	
Attention	주의
Interest	흥미
Desire	욕구
Memory	기억
Action	행동

디지털 소비자 구매과정 AISAS	
Attention	주의
Interest	흥미
Desire	욕구
Action	행동
Share	공유

소셜 소비자 구매과정 DSAVI	
Desire	욕구
Search	검색
Action	구매
Viral	전파
Induce	유입

고객 깔때기를 다시 디자인하다

세일즈맨이 한 사람의 고객을 만들려면 10번 알리고 5번 전화하고 3번은 만나야 한다. 세일즈맨에게 가장 어려운 일은 어떤 고객에게 우선순위를 둬야 하는가이다. 어렵게 만난다고 하더라고 바로 구매해주는 것도 아니다.

작은 신생 기업 입장에서는 모래알 같이 많은 사람 중에 가망고객을 찾아내는 일, 또 어렵게 찾은 가망고객을 고객으로 만드는 일은 거의 불가능에 가깝다.

마케팅은 한마디로 고객을 잡을 수 있는 깔때기를 디자인하는 일이다. 어느 시장에서 가망고객을 찾아낼 것인가? 고객 깔때기 상단부에는 일반인Public이 존재한다. 이들과 커뮤니케이션하면서 점차 친구Friend와 팬Fan을 만들어내는 것이다.

친구로서 커뮤니케이션을 하다보면 상대는 점차 서로를 이해하는 관심자Subscriber로 바뀐다. 하지만 관심을 가지고 있다고 해서 모두가 구매할 수 있는 사람Prospect은 아니다. 구매욕구가 있는지를 확인하고, 이들에게 호감을 갖게 한다. 또한 우리에 대한 신뢰를 불어넣어야 비로소 고객Customer이 된다.

한 번 고객이 되면 추가 구매를 할 수 있는 가능성이 열린 것이라고 볼 수 있다. 대개의 경우 기존 고객이 추가 구매를 하거나 연관

구매를 하게 되고 만약 자신이 구매하지 않아도 마음에 드는 제품이라면 다른 사람에게 추천하기 마련이다.

충성고객Loyalist으로 만들려면 지속적인 고객관리를 해야 한다. 자신도 추가 구매하고 다른 고객까지 그 상품을 이용하게 하는 그룹이 만들어지면 이들은 열렬한 지지자Advocate라고 할 수 있다.

소셜은 가망고객을 모아오는 데에도 중요한 역할을 하지만, 기존 고객을 충성고객으로 만드는 데에도 커다란 기여를 한다. 기업은 앞으로 다양한 SNS 중에서 자사의 사업특성과 서비스에 따라 적합한 소셜네트워크를 택해 고객 깔때기를 디자인하고 고객관리를 계획해야 한다.

고객 깔때기를 잘 디자인하고 운영하면 고객이 고객을 불러오는 마케팅 시스템을 만들 수 있다.

고객깔때기

Public
Friend/Fan/Follower
Subscriber
Prospect
Customer/Member
Loyalist
Advocate

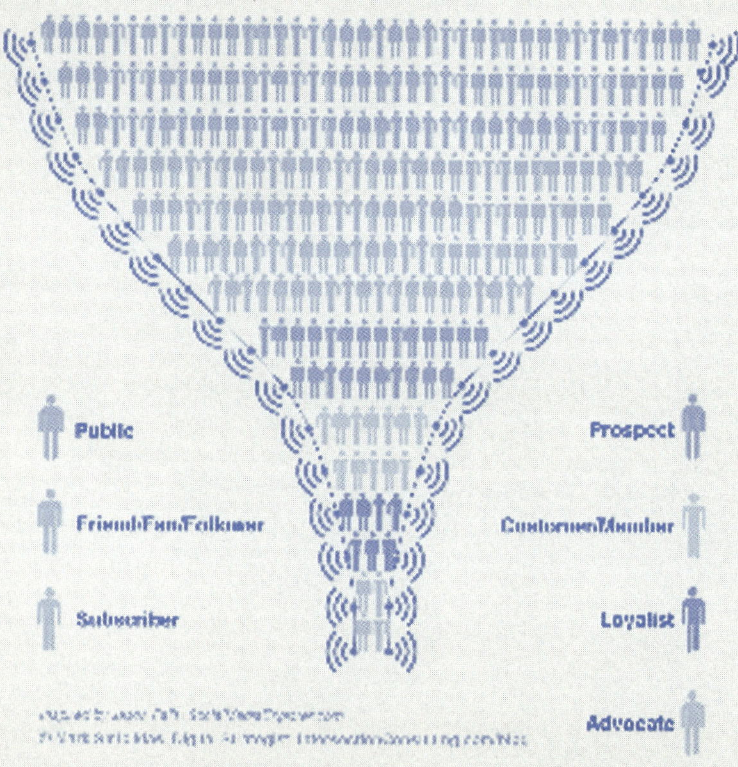

최고의 바이럴 효과

카카오톡은 론칭 당시 아무런 광고를 하지 않았지만 한 달 만에 몇십만 명이 쓰는 아이템이 됐고, 사용자는 1년 만에 1천만 명, 1년 반 만에 2천만 명을 넘어섰다. 고객 숫자가 이렇게 빠르게 늘어난 이유는 소비자들이 자발적으로 바이러스처럼 퍼져나가 사용자가 기하급수적으로 늘었기 때문이다. 이를 바이럴 루프 Viral Loop의 확산 패턴이라고 한다.

바이럴 루프는 최초 한 명의 소비자가 또 다른 한 명의 소비자를 불러오고 그 소비자가 또 다른 소비자를 불러와서 소비자 집단이 마치 바이러스처럼 Viral 확산돼는 선순환 고리 Loop를 만든다는 원리이다.

바이럴은 입소문이 소셜 웹과 결합해 바이러스처럼 번져나가는 현상을 말한다. 이는 한 사람이 소셜네트워크를 만들고 나면 그 사람이 친구, 가족, 동료 등을 가입하도록 초대하게 되고, 신규 회원들이 또 다른 사람을 초대해서 데리고 오기 때문에 가능한 일이다.

바이럴 효과를 높이려면 바이럴 지수 Viral Index가 "1"을 훨씬 웃돌게 해야 한다.

바이럴 루프

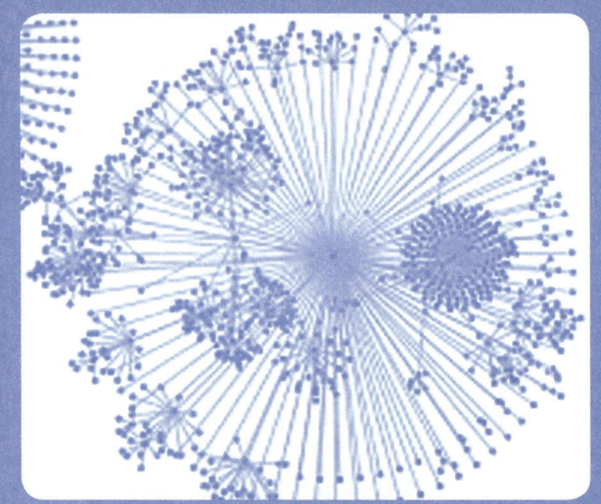

바이럴 지수란 한 사람이 데리고 오는 추가 회원의 숫자를 말하는 것으로 "1" 이상으로 유지하는 것이 바람직하다. "1" 미만이 될 때는 바이럴 효과가 떨어진다는 뜻이다.

바이럴 지수를 높이기 위해 페이스북은 "이 사람을 아세요?"라는 친구 추천 기능을 도입했고, 카카오톡은 전화번호가 입력된 사람을 친구로 초대하거나 'Tell A Friend' 기능을 통해 친구를 초대하도록 했다.

성공한 바이럴 루프 회사들은 다음과 같은 특성을 잘 이용했다.

- 웹과 앱을 활용해 PC나 스마트폰에서 네트워크를 이용하도록 했다.

- 사용자들은 제품을 무료로 이용한다. 기본 서비스는 무료로 이용하고 프리미엄 서비스를 유료로 한다.

- 회사가 아니라 사용자가 콘텐츠를 만든다.

- 단순한 콘셉트에, 사용하기 쉽고 직관적이다.

- 사용자들은 자신들의 이익을 위해서 제품을 퍼트리며, 입소문을 내면 추가적인 이익이 있음을 암시한다.

- 바이럴 효과가 낮으면 바이럴리티Vlrality는 현저히 감소한다.

- 네트워크 가입자가 늘어날수록 가입에 따른 인센티브를 갖는 사람도 늘어나게 된다.

구글의 공동창업자인 레리 페이지는 2011년 4월에 CEO가 되자마자 소셜서비스의 개발에 총력을 기울였다. 구글의 SNS인 '구글 플러스'는 2011년 7월부터 베타서비스로 시작했다. 구글 플러스는 페이스북과 비슷하게 설계돼 있다. 지인들과 정보와 의견을 주고받는 커뮤니케이션 공간으로 지인들이 올린 글이나 사진을 볼 수 있고 자신이 만든 콘텐츠가 프로필에 뜬다.

G메일, 피카사 등 구글의 기본 서비스와 연동한 구글 플러스도 결국엔 바이럴 지수를 높이기 위한 기능을 대폭 강화했다.

바이럴 지수를 높여라

바이럴 지수^{Viral Index}는 바이럴 계수^{Viral Coefficient}라는 개념을 쉽게 표현한 것이다. 바이럴 계수는 『바이럴 루프^{Viral Loop}』의 저자인 아담 페넨버그가 사용한 개념으로 "한 사람이 데리고 오는 추가 회원의 숫자"를 말한다. 계수가 "1" 이상이어야 바이럴 효과가 있다는 점을 눈여겨 봐야 한다. 그는 바이럴 계수가 0.9일 때와 1.1일 때 증가된 고객의 숫자가 7배 정도 차이 난다고 주장한다.

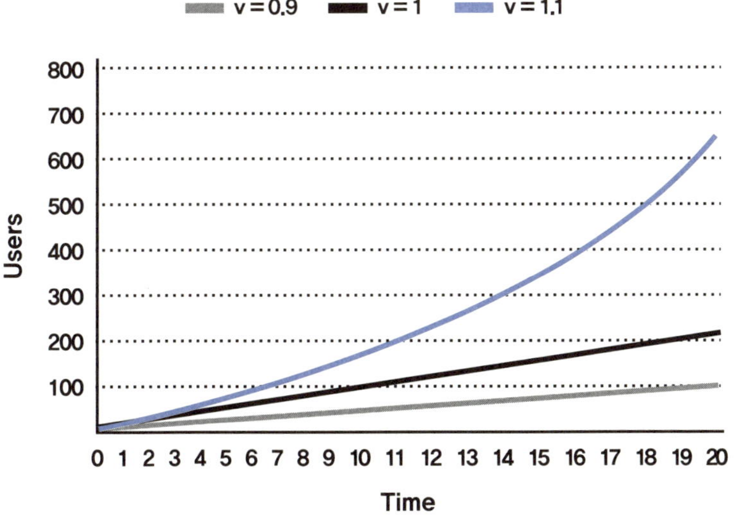

바이럴 계수는 바이럴 효과를 숫자로 나타내는 유용한 지표이지만 사후에 분석하는 경향이 높아 단점으로 지적된다. 성공과 실패, 모든 것이 판가름 난 후에 분석해 봐야 당사자에게는 아무런 소용이 없다.

비즈니스를 하는 사람들은 성공과 실패 후에 그 요인을 분석하는 것 보다는 사전에 바이럴 효과가 있는 비즈니스모델과 콘텐츠를 기획하기를 원한다. 필자는 완벽하지는 않지만, 사전에 바이럴 효과를 얻을 수 있는 비즈니스와 콘텐츠를 기획하는 데 도움이 되는 방법을 찾아내고자 했다. 그리고 바이럴 계수라는 단어도 어려운 느낌이 들어, 다소 쉽게 바이럴 지수Viral Index로 표현하기로 했다.

또 어느 비즈니스모델이든 기획 단계에 바이럴 지수를 높일 수 있도록 간이점검표를 만들기로 했다. 비즈니스모델을 기획하는 단계에서 고객이 고객을 불러오는 바이럴 지수의 점검표를 만들었다.

바이럴 지수 점검표

- 웹 혹은 앱App 기반의 인터넷 환경을 이용하는가?

- 목표 고객에게 재미나 효용을 느끼게 하는가?

- 사용자가 무료 혹은 매우 저렴하게 이용하게 하는가?

- 사용자가 콘텐츠를 만들어 내게 하는가?

- 사용하기 쉽고 직관적인가?

- 사용자가 스스로 입소문을 낼 만한 요소가 있는가?

- 다른 네트워크와 연결이 용이한가?

- 다른 사용자를 데리고 오기 쉬운가?

- 브랜드나 서비스를 기억하기 쉬운가?

위의 10가지 요소 중 8가지 이상 "Yes"를 체크한다면
바이럴 지수가 "1" 이상이 될 수 있다.

Part2 진짜 소셜 커머스, F-커머스

소셜네트워크서비스 이용자가 10억 명을 넘어섰다. 사람이 모이는 곳에 돈이 모인다는 말 그대로 소셜을 이용한 커머스가 각광을 받고 있다. 소셜 커머스 Social Commerce는 소셜 미디어를 활용하는 상거래 방식으로, 기존의 오프라인이나 인터넷쇼핑보다 큰 장점을 가지고 있다.

첫째, 사이트의 트래픽을 증가시킬 수 있다.

소셜에는 이미 10억 명이 넘는 잠재고객이 있다. 이들이 친구를 초대하고 그 친구가 또 다른 친구를 초대하는 과정에서 방문자가 늘어난다.

둘째, 마케팅에 돈이 적게 든다.

인터넷쇼핑은 온라인 시장에 상당한 광고비를 써야 하지만 소셜네트워크에서는 바이럴 효과를 이용하기 때문에 마케팅 비용이 거의 들지 않는다.

셋째, 구매 가능성이 높다.

구매 결정에서 친구의 추천이 커다란 영향력을 미친다. 소셜네트워크는 친구들의 추천으로 제품을 구매하게 되는 메커니즘으로 구매 가능성이 높아진다.

이상의 3가지 장점으로 앞으로 소셜 커머스 시장은 더욱 커질 전망이다.

　여러분들도 '소셜 커머스'라는 말을 한 번쯤은 들어본 적 있을 것이다. 사실 소셜 커머스에는 다양한 방식이 공존하는데, 우리나라에서는 공동구매가 곧 소셜 커머스인 것처럼 오해하는 경향이 있다. 소셜 커머스가 다음과 같은 네 가지 유형으로 나뉜다는 걸 눈여겨보기 바란다.

　첫째, 공동구매형이다.

　2008년에 미국에서 그루폰 Groupon이 공동구매형을 선보인 이래 폭발적인 성장을 했다. 그래서인지 사람들은 공동구매가 곧 소셜 커머스인 것처럼 인식한다. 그루폰은 초기에 한 제품을 여러 사람이 공동구매해 일정량의 숫자가 채워지면 가격을 50% 할인하는 방식을 이용했다. 싸게 사기를 원하는 사람이 자신의 친구를 불러들여서 일정 숫자를 채우는 소셜 파워를 이용한 것이다. 그러나 국내에서는 소셜 구매가 아니라 광고에 의한 할인점처럼 운영되고 있어서 공동구매의 의미마저 사라진 상태이다.

　둘째, 소셜 링크 Social Link형이다

　커머스 사이트에 소셜네트워크로 이동할 수 있는 버튼 형식의 링크를 게재하는 방식이다. 버튼을 클릭하면, 웹 링크가 생성돼 해당 소셜네트워크 글쓰기에 자동으로 삽입되거나, 자신의 소셜네트워크에 웹문서가 그대로 복사돼 게시물로 올라가게 된다. 소셜 커머스의 가장 기본적인 유형으로 '셰어디르' 등을 통하면 아주 손쉽게 적용할 수 있다.

셋째, 소셜 웹Social web형이다.

커머스를 소셜네트워크와 적극적으로 결합하는 것으로, 커머스 사이트 안에서 소셜네트워크의 기능을 구현해주는 방식이다. 커머스 사이트에서 이뤄지는 소비자의 구매, 평가, 리뷰 등의 활동이 소비자의 소셜네트워크에 자동으로 반영돼 친구들과 공유할 수 있다. 또한 같은 소셜네트워크의 친구들이 커머스 사이트에서 어떤 활동을 하는지 볼 수도 있다.

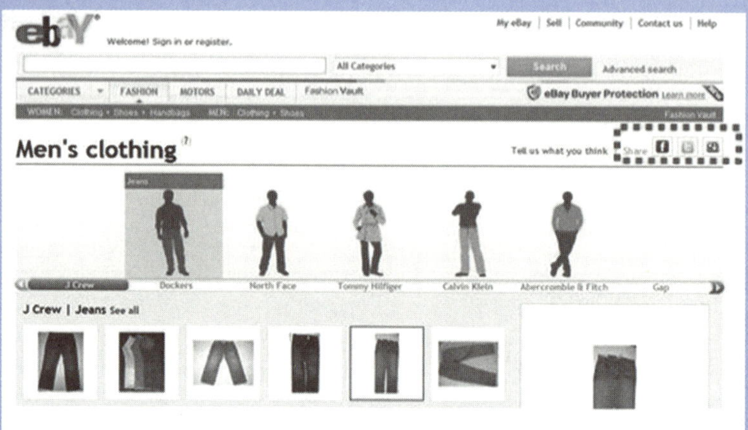

넷째, F-커머스^{Commerce}형이다

페이스북 내에 쇼핑몰을 만들어서 인터넷쇼핑몰처럼 운영하는 방식이다. 인터넷쇼핑몰은 웹 개발자를 투입해 만들어야 하기 때문에 많은 시간과 비용이 들지만, F-커머스는 페이스북 내의 페이지 기능을 이용해 누구나 손쉽게 커머스 페이지를 만들어 운영할 수 있다는 강점이 있다. F-커머스는 고객의 유입이 용이하고 마케팅 비용이 거의 들지 않는다는 점에서 진정한 소셜 커머스라고 할 수 있다.

미국에서는 대기업과 개인들이 F-커머스를 널리 이용하고 있다. 공동구매형인 소셜 커머스의 주 고객이 20대 여성이라면, F-커머스는 30~40대 남성이 주 고객이라는 차이도 있다.

F-커머스란?

    F-커머스는 앞서 이야기한 대로 소셜 커머스^{Social Commerce}의 일종이다. 소셜 미디어를 이용한 상거래 중에서 '페이스북 내의 비즈니스와 상거래'를 F-커머스라 한다.

    필자는 앞 장에서 소셜로부터 시작된 소비 패턴의 변화과 마케팅의 획기적인 터닝포인트가 소셜 미디어에서 나타나고 있다고 말했다. 요약하자면 이렇다. 기존 쇼핑몰이나 오프라인 사업을 운영하는 경우에, 대부분의 마케팅 활동은 신문, TV, 전단지 같은 매체를 이용하거나 배너광고로 한정됐다. 이러한 광고·홍보 방식은 상당한 비용이 들어가는 탓에 대기업에게 유리했다. 광고 판촉비가 투입되고 중간 유통마진이 끼어들어 올라가는 제품 가격은 고스란히 고객에게 전가된다. 반면 소셜 미디어를 이용한 상거래는 이러한 광고·판촉비를 대폭 줄일 수 있고 고객에게 직접 커뮤니케이션이 용이하다는 강점이 있다. 그런데 소셜 미디어는 꼭 마케팅에만 한정된 효과를 얻을 수 있는 것일까?

    획기적인 하나의 사건이 발생했다. 그동안 소셜네트워크에서 비즈니스를 할 수 있는 기능이 거의 지원되지 않다가 최근 소셜네트워크에서 비즈니스를 할 수 있도록 플랫폼이 만들어진 것이다. 바로 '페이스북^{Facebook}'이다. 페이스북은 기존 7억 명의 고객을 비즈니스에서도 활용할 수 있도록 '페이지^Page' 기능이 첨가된 것이다.

페이지^이하 F페이지는 페이스북 안에 존재하는 독립된 홈페이지로 개별적인 도메인^Domain을 가진다. 페이스북 내에 F페이지 기능을 이용해 만든 개별적인 홈페이지는 비즈니스 용도로 쓰거나 쇼핑몰로 운영할 수 있다.

'프로필'은 인간관계나 친구 맺기 위주로 만들어졌기 때문에 이 공간에서 비즈니스 활동을 하면 친구들의 반감을 살 수 있다. 그러나 F페이지에서는 기업의 팬^Pan 관리, 홍보, 신상품 소개, 서포터스 운영들이 가능하며 결제 기능을 탑재해, 상거래도 가능하다. 소셜게임의 경우에는 페이스북 크레딧^Credit을 이용해 게임머니를 쓸 수 있다.

facebook

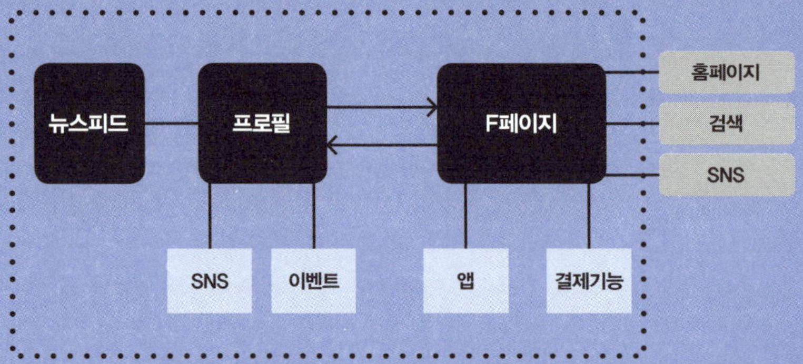

미국에서는 이미 페이팔^{Paypal}의 신용카드 결제기능이 지원돼 쇼핑몰을 운영하는 게 보편화돼 있다. 국내에서는 아직 낯설지만, 한국에서도 이니시스^{Inicis}가 카드결제기능^{INIP2P}을 지원해 쇼핑 기능을 앱으로 설치할 수 있다.

이처럼 페이스북에서 상업 페이지를 만들어 비즈니스 활동을 하는 것을 "F-커머스"라고 한다. 미국의 대기업이나 글로벌 기업들 대부분이 F-커머스를 활용하고 있으며 개인들이 F페이지를 만들어서 이용하는 것을 포함하면 그 규모는 엄청나게 크다.

F-커머스는 앞서 소개했듯이 페이스북의 페이지에 탭의 형태나 어플리케이션으로 쇼핑몰의 기능을 추가하는 것을 말한다. 대표적인 F-커머스 도우미로, 미국에는 페이팔의 "페이브먼트"와 국내에 이니시스의 "INIP2P"가 있다. INIP2P는 이후 친절히 설명하겠다.

이들은 놀랍게도 기존 인터넷 상거래의 기능을 포함한다. 상품 등록하기, 장바구니 기능, 결제모듈 같은 기본 기능과 공동구매, 팬할인 등 이벤트 생성도 제공한다. 친구들은 물론 매일 들락거리는 7억 명도 넘는 페이스북의 잠재고객을 잡기 위해 입구에 상점을 만드는 기업들이 점차 늘어나는 까닭이다.

베스트바이, P&G, 델, 까르푸, 익스프레스 등과 같은 세계적인 브랜드들이 페이스북에서 상품을 판매하고 델타항공과 픽사는 티켓 예매까지 받고 있다. 2010년 6월에 시와이가 조사한 결과에 따르면 미국기업의 26%가 앞으로 페이스북 쇼핑몰을 운영할 계획이라고 밝혔다고 한다.

F-커머스를 활용해 글로벌하게 성공한 스토리들은 다음과 같다.

- 인시피오 테크놀로지 : 페이스북 내 2위의 e커머스 트래픽 발생 업체. 평균 업체보다 제품 장바구니 담기 3배, 최종 구매 2배를 유지하는 기업

- P&G : 페이스북 F-스토아에서 시간당 1,000개의 기저귀 판매

- 테스코 : 페이스북 팬 들에게 매장에서 £2m+63억원 판매

- 라쳌로이 : 페이스북 팬들을 위한 팝업으로 역대 3번째 판매고 기록

- 켐브렐 : 웹 사이트인 dot.com과 비교하면 장바구니 담기 7~10% 증가 및 추수감사절 행사인 블랙프라이데이 날 20% 판매고 성장

- 베이비 앤드미 기프트 : F-커머스 통한 50% 온라인 판매

- 라이브 스크리베 : 페이스북 내 'Storefront Social'을 통해 고객 인지도 상승과 순이익 증가

- 에티튜드 : F-커머스 활용한 호주 소상공인의 'logged Sales'

- 촘폰 : 그룹/플래시 플랫폼 활용으로 주당 $89,000원 판매 이익

- 티켓 플라이 : 2011년 1월 페이스북 활용으로 전체 트래픽 9% 증가 및 SNS페이스북 포스팅 &트윗마다 $3.25 티켓 판매 발생

- 자이언트너드 : '좋아요' 버튼 설치 후 2주일 동안 2배의 판매고 경신NYT

- 아메리칸 이글 : 페이스북 활용 후 57% 매출 향상

페이스북에서 쇼핑몰을 운영하지 않는 회사들도 대부분 팬 페이지Pan Page는 운영하고 있다. 80년 전통의 버버리도 팬 페이지를 통해 젊은 고객들과 소통한다. 페이스북에서 쇼핑몰이나 팬 페이지를 운영하고 있는 회사들을 보면 다음과 같다.

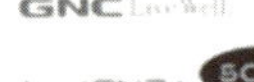
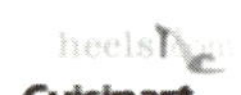

소셜 펀딩의 탄생

2011년, 시카고에 8미터짜리 메릴린 먼로 조각이 모습을 나타냈다. 지하철 통풍구 바람으로 치마가 나부껴 올라가는 그녀의 사진을 바탕으로 거대한 조각을 만들자 관광객이 몰렸다. 필라델피아에는 영화 록키의 동상을 만들었다. 이처럼 영화를 소재로 한 조각물을 만들어서 관광자원으로 쓰고 있다.

이에 힌트를 얻어 디트로이트에서 2011년 6월, 한 시민이 로보캅 동상을 만들면 좋겠다고 시에 제안을 했다. 시장은 "아직 그럴 계획이 없다"고 대답했다. 이 소식을 들은 디트로이트 시민들은 페이스북에 '로보캅 동상 설립을 원하는 디트로이트 시민들'이라는 페이지Page를 개설해 모금운동에 들어갔다. 모금을 시작한 지 한 달 만에 6만 달러가 모였다. 이와 같은 방식을 소셜 펀딩Social funding이라고 한다. 소셜 시대에는 SNS를 통해 아이디어를 제안하면 이 아이디어를 실현하기 위한 자금까지 모을 수 있다.

미국에는 약 200여 개의 소셜 펀딩 사이트가 있다. 이들은 필요 자금을 모아주고 3~5% 정도의 수수료를 취득한다. 대표적인 소셜 펀딩 사이트는 킥 스타터Kick Starter인데 킥 스타터란 오토바이를 발로 밟아서 시동을 건다는 의미이다. 이들은 1만 달러 정도가 소요되는 영화제작비를 페이스북에 올려 36시간 만에 모금을 마감하기도 했다. 로보캅 동상 설립을 위한 모금도 킥 스타터에서 진행했다.

킥 스타터의 모금방법은 독특하다. 이들은 정해진 기간에 목표액이 달성되지 않으면 펀딩을 무효로 처리한다. 실제로 이들의 모금 성공률은 43% 정도인데 상당히 높은 편에 속한다. 이미 7400여 건을 성공시켰고 월 700만 달러 이상을 모았으며 후원자도 60만 명에 이른다.

소셜 펀딩의 효시격인 회사는 인디고고^{indiegogo}이다. 이 회사는 분야를 제안하거나 모금액에 한계를 두지 않고 일정 기간 모은 금액을 펀딩하는 방식을 채택하고 있다. 인디고고에는 매달 3000여 건의 프로젝트가 등록되고, 웹사이트 방문자도 월 150만 명이 넘는다.

국내에서도 소셜 펀딩이 유입됐는데, 디스이스 투루 스토리^{This is true story}가 효시이다. 음악, 소설, 영화, 다큐멘터리, 신인작곡가의 앨범 등에서 펀딩을 진행하고 있다. 소셜 펀딩은 소셜네트워크가 발달하면서 새롭게 등장한 비즈니스모델이고 재능을 가진 사람들의 꿈을 이루어주는 희망 제작소이기도 하다.

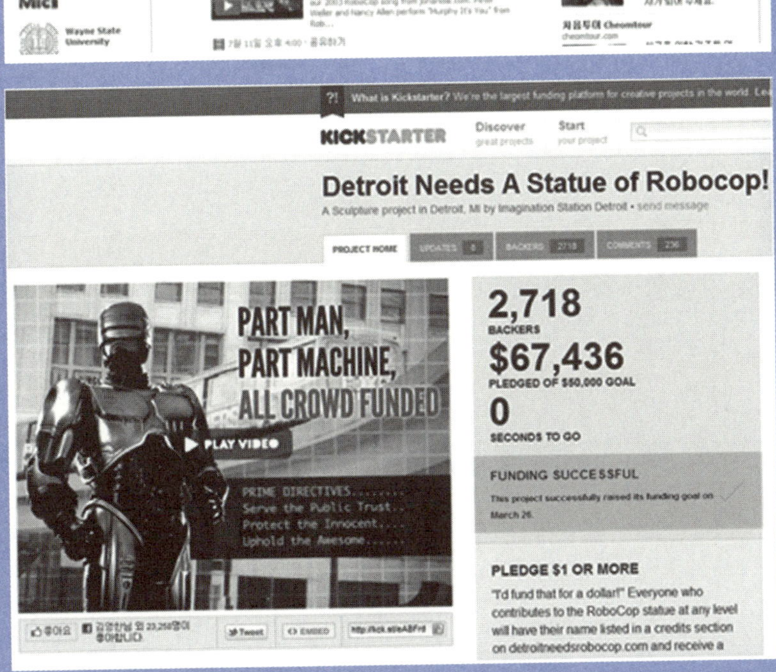

일본의 30대 젊은 패션 디자이너인 사토 스케는 자기 제품으로 해외 진출을 꿈꾸었다. 가진 돈이 별로 없던 그는 다이칸야마의 길거리 점포를 열었다. 그의 독특한 패션 감각에 젊은이들이 점포를 찾았고, 고객 중에는 유명 탤런트도 있었다. 하지만 그의 목표는 해외 진출이었기 때문에 소셜네트워크가 도움이 될 것이라 판단하고 페이스북을 시작했다.

페이스북을 하면서 사토는 사람들과 소통하는 방법을 넘어서 페이지를 마케팅에 활용할 수 있다는 것도 알게 됐다. 2010년 2월에 '에스원오이'라는 바이럴 마케팅 전문회사에 용역을 줘 새티스팩션개런티드 SG, Satisfaction Guaranteed라는 페이지를 개설했다. 월 10만 엔의 예산을 들여 페이스북 광고와 기프트 캠페인을 병행해 팬 숫자를 늘려 나갔고 곧 500명, 1000명, 1만 명씩 팬은 기하급수적으로 늘어 갔다.

팬의 단위가 달라질 때마다 증가세에 가속도가 붙었다. Facebook.com/Satisfactionguaranteed를 개설한 지 4개월 만에 팬 수는 7만 명이 됐다. 새티스팩션개런티드는 2010년 6월에 싱가포르 법인을 설립하고 10월, 드디어 싱가폴 시내에 매장을 오픈했다. 사토 스케는 해외시장으로 나갈 때 미국이나 유럽 등 이미 성숙한 시장이 아니라 일본에 대한 동경이 강하고 앞으로 확실히 성장할 것으로 예상되는 아시아 시장에 초점을 맞추었다.

일본 브랜드의 강점을 살리려면 비용 절감을 위해 해외가 아닌 일본에서 제작함으로써 "100% 일본산"이라는 것을 강조했다. SG의 페이지 팬은 50만 명이 넘지만 이 중 일본인은 몇 퍼센트에 불과하다. 팬이 가장 많은 곳은 인도네시아이고 말레이시아, 싱가포르, 필리핀 순이다. SG의 직원은 20여 명, 패션 부분은 3~4명, 대부분의 디자인은 사장인 사토 스케가 직접 한다. 사토 스케는 "페이스북이 없었으면 해외 진출을 못했을 겁니다."라고 한 언론사 인터뷰에서 밝혔다. 또 "만약 일본에서만 사업을 생각했다면 트위터나 믹시^{일본의 SNS서비스}만으로도 충분했을 겁니다. 해외로 진출해야 페이스북의 장점을 살릴 수 있습니다."

그는 페이지의 장점도 잘 알고 있었다. "페이지는 최고의 마케팅 도구입니다. 매장을 어디에 열면 좋겠습니까? 하고 팬들에게 질문하면 순식간에 답변이 올라옵니다. 싱가폴이나 인도네시아의 어디에 점포를 여는 것이 좋을지에 관한 시장조사를 현지인이 직접 알 수 있습니다."

그는 소셜 미디어의 부정적인 측면에 대해서는 이렇게 대꾸했다. "페이스북의 중요성을 인식하면서도 부정적인 댓글이나 반응을 무서워해서는 안 됩니다. 부정적인 일이 생기면 그것을 긍정적으로 바꾸면 됩니다. 팬들은 그런 과정까지 훤히 들여다보고 있습니다. 해외 팬들과 진지하게 툭 터놓고 대화할 각오를 해야 합니다. 진심으로 대할수록 팬들은 늘어나고 신뢰도도 높아질 것입니다."

SG는 앞으로 싱가포르를 시작으로 러시아, 홍콩, 인도네시아 등 수요가 있는 곳을 찾아서 진출할 계획이다.

facebook
홈 프로필 계정
satisfaction guaranteed
의류
좋아요
SAVE & LOVE JAPAN
담벼락
정보
welcome SG
sg gallery
New
sg_golf
recruit
사진
더 보기
ABOUT SG
자분이 大好きで、着たい服を作る。本当に心から好きだといってもらうには、作り手も作った服
が本当に心から好きでなければならない。洋服が好き、という本質を突くのが satisfaction
guaranteed（サティスファクション・ギャランティード）。
회원님과 satisfaction guaranteed 사이
친구 4명이 좋아합니다.
Lady Gaga
친구 사진
태그된 사람:
구창환
2명이 좋아합니다. · 댓글 1개
태그된 사람:
김영한
9명이 좋아합니다. · 댓글 3개
스폰서
광고 만들기
designer's special 캐럿투 주얼리
디자이너 스페셜 캐럿투
는 파인주얼리를 모토로
실버 커스톰주얼리 브랜
드입니다. 주얼리를 사
랑하는 모두 고객과 소
통하고 싶습니다.
carattwo.com
좋아요 · 정만하튼님이 좋아합니다.
르노삼성자동차 (Renault Samsung
Motors)
베일이 벗겨지는 순간,
세상은 곧 나의 아름다
운 매력에 빠져들게 될
거야. All-New SM7

미국에서 폭발적인 인기를 끌고 있는 F-커머스가 왜 국내에서는 생소한 것일까?

첫 번째 이유가 상거래가 일어나려면 고객이 많아야 하는데 국내 페이스북 이용자 수는 아직 3~4백만 명 수준이기 때문이다. 그러나 아직 실망할 필요는 없다. 이용자가 5백만 명을 넘어서면 상황은 크게 뒤바뀐다. 국내 스마트폰의 보급이 2천만 대를 향해 가면서 스마트폰이나 태블릿PC에서 페이스북 이용자가 빠르게 늘어나고 있다. 충분한 잠재 고객이 생겨나는 것이다. 한편으로 페이스북 이용자가 늘어난다고 해서 페이스북에서 거래를 하겠느냐의 문제도 있는데 미국의 사례를 보면 기우에 불과하다.

미국에서 페이스북의 신뢰도는 굉장히 높은 반면 국내에서는 아직 신뢰도가 높지 않은 상황이다. 그러나 페이스북이 상장을 준비하고 있고 기업가치가 50조원을 넘어서는 성장을 하고 있기 때문에 애플의 앱스토어처럼 소액 거래에서는 고객들이 신뢰할 수 있을 것으로 보인다.

신뢰를 얻는 가장 빠른 방법이 소셜 게임에서 소액결제를 하는 방법이다. 그동안 국내에서는 소셜 게임이 규제대상에 속했다. 하지만 2010년 하반기에 소셜 게임이 규제대상에서 풀렸고 게임에서 결제할 수 있는 크레딧Credit이 가능하게 됐다. 국내에서의 페이스북 신뢰도를 높일 수 있는 계기가 마련된 것이다.

국내에서 F-커머스가 생소한 가장 큰 원인은 페이지Page에 대한 인식 부족과 기능적 요인이다. 대부분의 페이스북 이용자들은 '프로필Profile'을 위주로 이용한다. 친구도 100명 이내로 주변에 아는 지인들과 소통하는 정도이다.

모르는 사람을 사귀는 수단으로 프로필을 적극 활용하는 유저는 소수에 불과한데, 이들은 주로 '그룹Group' 기능을 이용한다. 정확한 통계는 없지만 90% 정도가 프로필만 이용하고 10% 정도가 그룹을 이용하지 않나 추측한다. 그룹 이용자라고 하더라도 '페이지'에 대해 알고 있는 사람은 10% 정도에 불과한 것으로 판단된다. 결국 페이스북 이용자 중 1% 정도만 페이지를 알고 있는 상황이니 F-커머스를 할 환경이 아직 성숙하지 못한 것이다.

F페이지는 F-커머스를 만들 수 있는 플랫폼Platform이다. 이 플랫

폼에 자신의 쇼핑몰이나 팬 페이지를 만든다. F페이지는 홈페이지와 같아서 자신이 원하는 기능을 설정할 수 있다. 하지만 홈페이지와는 엄청난 차이가 있다. 전문가가 별도의 프로그래밍을 하지 않아도 F페이지에서는 앱만 클릭하면 된다. 미국에서는 F페이지에 심는 이 앱^{Plug in}을 페이팔^{Paypal}에서 만들어 놓았는데, 문제는 국내에 이 앱이 없었다는 점이다. 하지만 최근 이 결제기능을 가진 앱을 이니시스에서 개발해 놓았다.

이제 'INIP2P'라는 앱을 F페이지에 플러그인하면 쇼핑몰을 만들 수 있다. 그동안 커머스의 기본인 사람의 숫자가 비교적 적었고, 인식이 형성되지 않은 데다가 기능적으로 부족한 점이 있어서 F-커머스가 활성화되지 못했는데, 2010년 하반기부터는 이러한 문제들이 해결되면서 F-커머스가 활발해질 전망이다.

F페이지는 글로벌스탠더드 홈페이지

페이스북에 있지만 "F페이지"는 독립된 홈페이지처럼 운영할 수 있다. 이렇게 홈페이지와 페이스북의 장점을 결합시킨 것이 F페이지 이만의 특징이다. F페이지는 독립된 도메인 이름을 가지고 있다. 페이스북 도메인 뒤에 자신의 도메인 이름을 치면 바로 연결이 된다. 예를 들어, 레이디 가가의 F페이지의 도메인은 'www.facebook.com/ladygaga'이다

왜 미국이 F페이지를 애용하는지 한국은 F페이지에 주목해야 하는지 홈페이지와 F페이지를 비교해보면 쉽게 해답을 얻을 수 있다.

첫째, 홈페이지와 다른 개발 방식이다. 홈페이지는 전문 개발자가 프로그래밍을 해서 만들지만, F페이지는 이미 개발돼 있는 플랫폼을 이용해 몇 번의 클릭만으로 내가 원하는 페이지를 만들 수 있다.

둘째, 홈페이지를 개발하려면 상당한 시간과 비용이 들지만 F페이지는 무료로, 한 시간 이내로 만들 수 있다. 무료로 쉽게 만든다고 해서 기능이나 성능은 절대 떨어지지 않는다.

셋째, 홈페이지는 카탈로그처럼 일방적이지만 F페이지는 페이스북의 프로필처럼 쌍방향 소통이 된다. F페이지가 홈페이지보다 좋은 이유가 바로 이 쌍방향 소통으로 고객유입이 용이하다는 점이다. 홈페이지는 돈을 들여 어렵게 개발하지만 고객이 온다는 보장이 없

다. 고객이 알지 못하는 탓에 또다시 홈페이지를 홍보하기 위한 노력과 비용이 수반된다.

쌍방향의 F페이지는 페이스북의 친구들을 끌어올 수 있다. 그리고 누구나 '좋아요' 버튼만 클릭하면 팬이 된다. 이 '좋아요' 버튼을 다른 홈페이지에 심어서 고객을 유입시킬 수도 있다. '프로필'과 달리 'F페이지'는 다양한 어플리케이션을 자신의 페이지에 심을 수도 있다.

넷째, 페이스북에는 이미 수십만 개의 어플리케이션이 존재하기 때문에 이 앱^{App}을 이용하면 다양한 기능을 페이지에서 활용할 수 있다. 반면 홈페이지는 한 번 프로그래밍을 하면 수정이나 업데이트를 위해 다시 개발자의 손을 빌려야 한다. F페이지는 레고 블록처럼 표준화된 기능을 조합해서 만들기 때문에 수정 또한 용이하다.

그렇다면 F페이지는 단점이 없는 것일까? 단점이라고 한다면 페이스북 플랫폼의 환경에서 벗어날 수 없다는 것일 텐데, 이런 단점도 관점을 바꾸어 생각해보면 충분한 장점으로 대체될 수 있다. 전 세계 사람들이 똑같은 플랫폼을 이용하기 때문에 글로벌스탠더드가 될 수 있다는 것이다.

예를 들어, 한국에서 만든 F페이지나 미국에서 만든 F페이지가 똑같다면, 같은 플랫폼에 익숙한 전 세계 7억 명의 고객이 어느 나라든 F페이지로 마케팅을 할 수 있다는 의미가 된다. 애플의 앱스토어^{Appstore}가 애플에 묶여있지만 애플 앱스토어를 통하면 전 세계 어디에서나 통용되는 것과 같은 원리이다. 또한 미국용 F페이지를 한국에서 만들면 미국이나 영국, 일본고객과 거래할 수 있다.

홈페이지와 F페이지의 비교

	홈페이지	F페이지
도메인	개별적인 도메인	개별적인 도메인
검색노출	Yes	Yes
개별	개별적으로 개발	페이스북 앱을 이용
고객유치	개별적으로 유치	페이스북에서 고객 유치
메세지	일방향	쌍방향
쇼핑몰	자체 개발	결제 기능 탑재
수정	수정 어려움	수정 쉬움
유지보수	개별적인 유지보수	유지보수 필요 없음
비용	개발비 유지비	무료
서버	자체 서버	페이스북 서버
관리 인력	별도로 필요	필요 없음
용도	국내용	글로벌스탠더드

유럽의 관문인 프랑스 파리의 샤를드골공항에 1000여 명의 K팝 K-POP 팬들이 모여서 경찰이 출동했다. 2011년 6월 8일, K팝 스타인 동방신기, 샤이니, 소녀시대 등을 태운 비행기가 도착하자 프랑스의 팬들은 "샤이니가 좋아요" "윤재 동방신기의 유노윤호와 영웅재중을 일컬음. 사랑해요" 등을 외치며 환호했다.

K팝 스타들이 출국장을 빠져나오자 "사랑해요 동방신기" 등 한글로 쓴 수많은 플래카드와 풍선, 그리고 카메라 플래시가 그들을 맞이했다.

프랑스의 한류팬클럽인 '코리안 커넥션'의 팬들은 유튜브 YouTube 를 보며 K팝을 좋아하게 됐다고 한다. K팝 콘서트는 7000명의 관객이 몰려 1회를 더 개최했으나 이 역시 단 10분 만에 매진됐다.

6월 11일에 열린 콘서트를 보기 위해 팬들은 이틀 전부터 줄을 서서 기다리기도 했으며, 공연 당일 내린 비도 이들의 K팝 사랑을 막을 수는 없었다. 공연이 시작되자 7000명의 관중이 모두 일어나 한국말로 노래하며 춤도 따라 추었다.

이들이 같이 한국 노래를 부르고 춤을 출 수 있었던 데는 유튜브의 동영상 때문인데, 유튜브에서 가수들의 영상을 보고 연습을 한 것이다. 이번 K팝 유럽 투어를 기획한 SM엔터테인먼트의 이수만 회장은 이번 콘서트를 위해 10년을 준비했다고 했다. K팝스타를 월드 스타로 키우기 위해 1만 명이 넘는 지원자를 오디션을 통해 가려내 노래, 댄스, 연기, 외국어교육까지 3~5년간 집중적으로 트레이닝을 시켰다.

소속사는 소녀시대를 해외에 진출시킬 목적으로 유튜브에 뮤직 비디오를 올렸다. 일본 팬들은 이렇게 올려진 유튜브를 통해 소녀시대를 접할 수 있었다. 2010년 8월에 일본 공연이 시작되자 티켓은 연일 매진됐고 일본 오리콘Oricon 차트에서도 1위를 기록하는 기염을 토했다.

소녀시대의 유튜브 조회 수는 5000만 회를 넘었고 특히 미국에서의 조회율이 95%를 차지했다. 이번 유럽 투어에서도 SM엔터테인먼트 K팝 스타들의 동영상을 유튜브와 페이스북에 소개해 유럽 팬들에게 다가갈 수 있었다.

이들은 파리공연을 위해 프랑스 음반회사, 작곡가들과 페이스북으로 네트워크를 맺어 철저하게 사전 준비를 했다. 코리아 커넥션과도 소셜네트워크로 연결돼서 팬들과 꾸준히 소통했다고 한다.

프랑스의 대표적인 신문인 르몽드LeMonde는 "K팝 열풍은 소셜네트워크를 통해 유럽에 퍼지기 시작해 K팝에 대한 광고가 전무한 상태임에도 먼 나라에서 온 이 음악이 널리 감상되고 있다."라고 보도했다.

K팝 열풍의 진원지가 소셜네트워크라는 르몽드지의 주장을 입

증이라도 하듯이 페이스북의 SM타운 페이지 www.facebook.com/smtown 에 이탈리아·영국 팬들이 자기 나라에서도 공연해 달라고 요청하는 글이 쇄도했다고 한다. 유럽뿐 아니라 남미의 칠레, 아르헨티나, 브라질의 소녀시대, 동방신기 팬들이 자기 나라에서도 공연을 볼 수 있게 해달라고 애원하는 글들을 올렸다고 하니 놀라운 일이 아닐 수 없다.

SM엔터테인먼트의 소셜 경영전략이 주효해서 SM 소속 가수들의 뮤직비디오는 유튜브를 통해 2010년에 6억 건의 조회 수를 기록했고, 2011년에는 전년의 2배인 12억 건을 기록할 전망이다.

SM 김영민 대표는 "과거 CD시대에는 800만 장 정도 팔려야 월드스타로 여겼으나 지금의 디지털 시대에는 한 곡으로 1억 다운로드가 가능한 세상이다."라고 말했다. SM은 아이폰을 통해 세계 70개국에서 신곡을 출시해 K팝의 세계 정벌에 나서고 있다.

F-커머스에서 고객 가치를 창출하고, 지속적으로 고객을 유지하려면 경영 시스템부터 점검해볼 필요가 있다. 즉 소셜 환경에 적합한지 살펴보는 것이다.

어느 경영이나 상품^{또는 서비스}을 중앙에 놓고 고객과 마케팅이 연결돼 움직인다. 이러한 메커니즘의 총괄적인 기획은 비즈니스모델의 몫이다. 비즈니스모델Businss Model은 새로운 소셜 환경에서 고객니즈의 변화를 살피는 데에서부터 출발한다. 아직 드러나 있지 않은 고객니즈를 감지해야 새로운 비즈니스모델에 반영할 수 있다. 이것이 너무 빠르면 시장이 형성되지 않고 너무 추상적이면 구체적인 모델 수립이 어려워진다. 새로운 니즈가 파악되고 이를 반영한 새로운 비즈니스모델이 만들어지면 실행 계획을 짜게 된다.

구체적인 계획이 만들어진다고 해도 타이밍을 맞추지 못하면 후발주자가 돼 두 배의 노력을 들여도 성과를 내기가 어려워진다. 따라서 새로운 콘셉트의 상품은 고객에게 그 가치를 어필할 수 있어야 한다.

또한 아무리 좋은 상품이라고 하더라도 가격적 메리트가 없으면 도태될 수 있다. 몇 년 전부터 질 좋은 상품이나 서비스가 무료로 제공되거나 저가로 나오기 때문에 가격이 저렴하면서도 가치가 있는 상품을 지속적으로 만들어낼 수 있어야 살아남을 수 있다.

매스마케팅이 아닌 바이럴 마케팅을 전개하려면 마케팅 방법에서도 바이럴 효과를 높일 수 있는 방법을 찾아야 한다. 바이럴 효과를 높일 수 있는 콘텐츠와 유용한 정보를 지속적으로 만들어서 소셜 미디어에 뿌리는 것은 소셜 마케팅 플랫폼의 윤활유 역할을 한다. 마케팅 플랫폼Marketing Platform은 고객가치가 있는 상품의 소셜 마케팅을 전개함으로써 고객을 확보하고 고객이 또 다른 고객을 몰고 오는 마케팅을 전개하는 엔진이다.

F-커머스의 실행 엔진

콘텐츠
브랜드
소셜 미디어
유용한 정보
바이럴 지수
마케팅
실행
추진력
상품
가치
다른 고객
타이밍
실행계획
고객 니즈
needs
비즈니스 모델

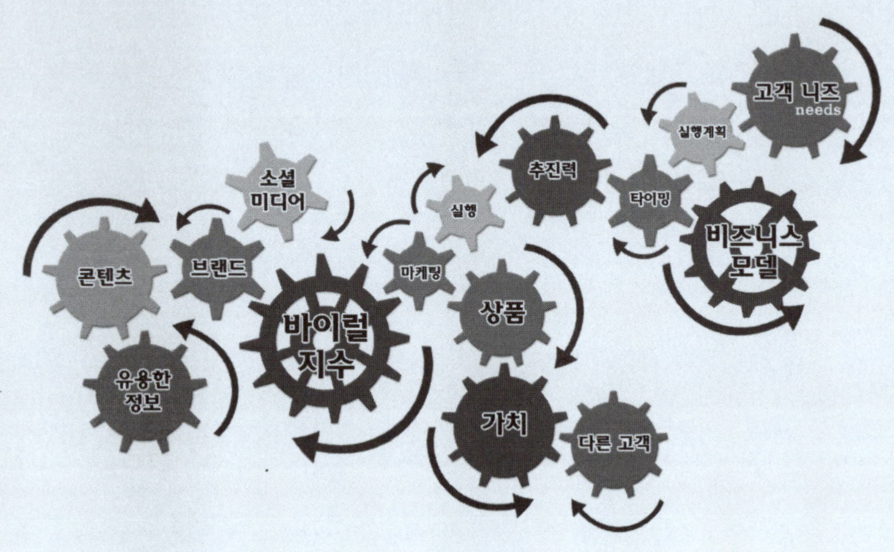

Part3 페이스북은 입점료 없는 쇼핑 플랫폼

페이스북은 지상 최대 장터

페이스북은 세상에서 두 번째로 인구가 많은 소셜 공화국이다. 사용자 숫자가 2008년 8월에 1억 명을 넘은 이래 8개월 만에 2억 명, 그로부터 5개월 만에 3억 명, 다음 5개월 만에 4억 명, 2010년 7월에 5억 명, 2011년 초에 6억 명, 6월에 7억 명을 넘었다.

마크 저커버그는 2010년 7월, 5억 명을 넘어서면서 "이제 10억 명이 보인다."고 했다. 페이스북의 고객은 전 세계에 분포돼 있다. 미국인이 30%, 영국을 비롯한 유럽, 인도네시아를 비롯한 아시아 국가 고객이 70%를 차지한다.

게다가 미디어의 가치를 판단하는 '사용자 체류 시간'이 구글 Google을 앞선다. 긴 체류 시간에 적극적으로 활용하는 사용자가 많은 것이 페이스북의 특징이자 강점인 것이다. 페이스북이 발표한 자료에 따르면 모든 이용자의 50%가 매일 로그인해서 평균 1시간 정도 머물며 웹사이트 링크, 사진, 동영상을 공유하고 있다. 게시물 수는 한 달에 400억 개 이상이고 한 사람이 하루에 4번씩 무엇인가를 공유한다고 한다.

좋은 소비자가 많아야 시장으로서의 가치가 높다는 건 당연한 원리이다. 소득이 낮을수록 생활필수품의 소비 비중이 높고, 소득이 높아지면서 전문품, 기호품, 서비스 상품의 소비가 많아진다. 페이스북에는 고등교육을 받았으며, 일정 수준 이상의 소득을 가지는 사람들이 모여 있다. 특히 20대부터 40대까지 경제활동에 참여하는 사람들이어서 상당한 소비력을 가진 사람들이다.

인터넷을 쓰고 고등교육을 받았고, 소득이 있는 7억 명이 있다는 것은 소비 시장으로서 아주 큰 장점이다. 또한 이들은 서로 네트워크를 통해 연결돼 있고 빠르게 소통하는 특성을 가진 소셜 슈머 Social Sumer라는 점에서 마케팅 측면으로도 큰 의미를 가진다.

소셜 슈머는 자신들의 문제를 스스로 해결하려는 능동적 의지를 가지고 있으며, 대중화된 소비보다는 개성화된 소비를 선호한다. 또한 자신의 경험을 적극적으로 전파하는 바이럴 Viral 파워를 가지고 있어서 시장을 선도한다.

〔 비즈니스 에코시스템 〕

스마트 폰의 강자는 원래 노키아^{Nokia}였다. 노키아는 스마트폰을 피처폰의 고급 기종으로 생각하고 하드웨어 기능에 집중했다. 반면 애플의 아이폰^{iPhone}은 하드웨어에 컴퓨터 기능을 집어넣고, 소프트웨어와 어플리케이션을 강조했다. 특히 어플리케이션의 개발과 유통을 담당하는 앱스토어^{Appstore}를 오픈하면서 일종의 생태계^{EcoSystem}를 만들었다. 결과는 노키아의 스마트폰 추락, 애플의 아이폰 승승장구로 나타났다.

극과 극의 경쟁으로부터 모든 기업은 생태계^{EcoSystem}가 경쟁력이라는 점을 깨닫기 시작했다. 소셜네트워크에서도 비슷한 현상이 벌어졌다. SNS에서는 마이스페이스^{My Space}가 강자였다. 마이스페이스는 인맥 형성 위주의 웹 사이트였으나 페이스북은 플랫폼^{Platform}을 만들어 어플리케이션 생태계를 만들었다. 결국 마이스페이스는 몰락하고 페이스북이 강자가 됐다.

생태계는 영국의 탠슬리^{Authur Tansley}가 1935년에 제창한 개념이다. 탠슬리는 "자연의 있는 그대로의 생태를 인식하기 위해서는 상호간의 관계를 지닌 생물과 무기적 환경을 하나로 통합해야 한다."고 주장했다. 생태계^{EcoSystem}는 햇빛, 기후, 토양 등의 비생물적 요소와 모든 생물 구성원으로 이루어진 환경을 말하는데, 이들 요소들은 상호작용을 하며 생명을 이어간다. 생태계를 구성하는 생물적 요소는 그 기능을 기준으로 생산자, 소비자, 분해자로 나뉜다. 생산자는 대부분 녹색식물로 이루어진 그룹으로 독립영양생물, 기초생산자이다. 이들은 태양 에너지를 이용해 탄수화물을 만들어낸다. 탄수화물로 얻은 에너지를 사용해 생물의 생명활동에 필요한 단백질, 핵산 등의 유기화합물을 생성한다.

생태계의 소비자를 종속영양생물이라 하는데, 이들은 생산자가 만들어낸 유기물을 소비하면서 살아가는 생물이다. 소비자는 생산자가 만들어낸 유기물을 통해 에너지를 얻는다. 이들은 1차 소비자가 있고 1차 소비자를 먹는 2차 소비자가 있어 먹이사슬을 이룬다.

분해자는 생산자 또는 소비자의 배설물이나 사체를 분해하는 미생물들이다. 분해자는 생산자나 소비자의 유기물을 분해해서 생산자가 이용할 수 있는 무기물로 환원하는 역할을 한다.

생태계는 이처럼 생산자가 무기물을 유기물로 합성하고, 소비자가 이것을 먹고, 다시 분해자가 무기물로 만드는 반복 시스템이 있기 때문에 존재할 수 있는 것이다. 이러한 생태계의 이론이 비즈니스 세계에도 존재한다는 것이 비즈니스 에코시스템Buziness Ecosystem이다.

애플의 경우, 생산자가 하드웨어 제품을 만들면 소비자가 소비를 한다. 여기까지는 다른 제품과 같다. 하지만 아이폰의 경우엔 다양한 어플리케이션이 소비자가 이용할 수 있는 나무를 풍성하게 해 준다.

　다양한 어플리케이션 협력자들이 무기질 양분을 공급하니 사과
가 다채롭고 풍성하게 열려 더 많은 소비자가 몰리게 된다. 에코시
스템의 순환 고리를 원활하게 한 것이다.

가지와 잎
잠자리, 벌, 나비
다람쥐, 새, 매
줄기
곤충, 애벌레
뿌리와 부식
박테리아, 지렁이, 뱀, 두더지

페이스북은 고객 생태계

소셜네트워크서비스의 경쟁력은 사람 즉, 고객이 많아야 한다. 고객이 많아야 광고가 많이 들어오고 재투자해 더욱 큰 나무로 키워나갈 수 있다. 페이스북은 기업을 위한 고객 생태계를 만들었다. 이용자가 몇억 명을 넘어서면서 이를 이용한 비즈니스 생태계를 만들기 위해 페이지 기능을 추가한 것이다. 비즈니스하는 사람 입장에서는 더할 나위 없는 기회인 셈이다.

페이스북은 이렇게 생산된 고객을 기업이 소비하도록 문을 열어줬다. 기업이 페이지를 활성화하기 위해 또 다른 고객을 불러들이는 노력을 하면 왕성한 비즈니스 활동으로 수익이 증대되고, 페이스북은 그 수익의 일정 부분을 공유할 수 있어 수익원을 확보하게 된다. 또한 이들 비즈니스 활동을 지원하는 어플리케이션이 개발돼 어플리케이션 생태계가 풍성해지는 선순환이 이루어진다. 정리하자면 페이지는 비즈니스맨들이 자신의 비즈니스 생태계를 만들어갈 수 있도록 페이스북에서 제공한 플랫폼Platform이라는 점이다.

페이지라는 플랫폼을 이용해 비즈니스 생태계를 풍성하게 만들어가는 구조는 다음과 같다.

1단계 고객유입

2단계 고객관계

3단계 증폭

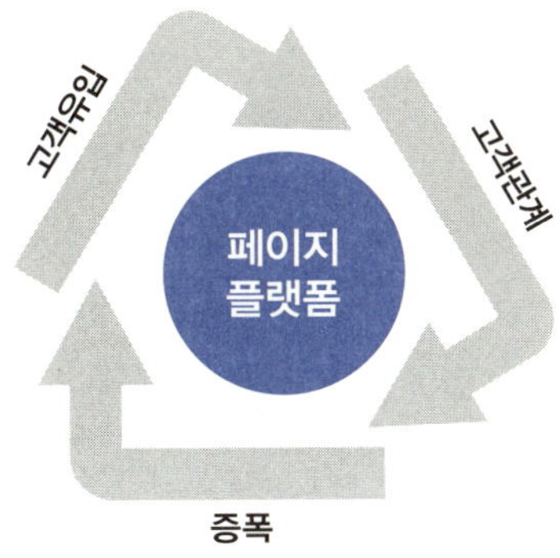

1단계 고객유입

프로필^{Profile}이나 그룹^{Group}에서 친구관계를 맺은 사람들을 페이지^{Page} 팬으로 유입한다. 소셜 그래프에서 연관성이 있는 고객을 유입하거나 웹에 '좋아요' 기능을 심거나 페이스북 광고를 통해 고객을 유입한다.

2단계 고객관계

페이지는 프로필과 연결돼 소통할 수 있다. 팬으로 유입된 고객들이 소통할 수 있는 장을 만들고 유익한 정보를 제공한다. 새로운 제품의 홍보와 이용 방법 가이드 등이다. 상거래를 원할 경우에는 쇼핑 기능을 집어넣고, 결제할 수 있는 기능도 지원한다. 이러한 방법을 이용해 공짜로 쇼핑몰을 만들 수 있다.

3단계 증폭

팬들과 소통을 통해 고객의 소리와 기호를 파악해 새로운 상품과 판매를 반영한다. 고객들이 새로운 고객에게 바이럴Viral할 수 있도록 지원한다. 페이지 플랫폼은 수십만 개의 어플리케이션을 끌어다 심을 수 있도록 플러그인Plug-in 방식으로 지원하고 서버도 무료로 제공하고 있다.

누구나 무료로 쇼핑몰을 연다

페이스북 페이지Page의 좋은 점은 누구나 페이지를 개설하고 기존에 페이스북이 개발해 놓은 각종 소프트웨어 툴을 이용해 쇼핑몰을 만들 수 있다는 것이다.

먼저 페이스북에서 자신의 페이지를 개설하고 거기에 필요한 기능을 레고블록 식으로 끌어다가 조립하면 된다. 단순히 인간관계를 맺고 메시지를 교환하는 소셜네트워크와는 달리 상거래를 하려면 기존의 상거래 시스템과 연결이 돼야 하고, 오고 가면서 발생하는 금융시스템과도 연동이 돼야 한다. 그러나 걱정은 붙들어 매도 좋다. 각종 통신망, 금융 시스템과의 연결을 가능하게 하는 도구과 소프트웨어를 이미 페이스북에서 개발해 놓았기 때문이다.

스토어Store를 개설하려면 꼭 필요한 것이 결제 시스템이다. 카드나 금융망과의 결제시스템을 페이팔Paypal이 앱으로 제공하고 있다. 국내에서는 앞서 설명한 대로 이니시스가 페이스북용 결제 앱을 개발해 놓은 상태이다.

소셜 게임이나 앱App에서 결제할 때는 페이스북 크레딧Credits을 이용하면 된다. 카드결제 앱을 이용할 때는 4~5%의 수수료를 내야 하고 크레딧Credits을 이용할 때는 페이스북에 30% 정도의 수수료를 내야 한다. 페이스북에서 결제가 이루어지는 것이 빙산의 윗부분이라면 빙산의 아래에서 각종 사회 시스템과 연결하는 기능은 페이스북이 만들어 놓았다.

　페이스북 체크인Check-in deals, 페이스북 스토어 프론트Store Fronts, 페이스북 인증Protocol, 소셜플러그인social Plug-in 그래프 APIGraph API, 페이스북 광고Advertisting 페이스북 마케팅Marketing 등이 빙산의 밑에서 F-커머스를 지원하고 있다.

F-커머스 빙산

Transaction ON FB
Transaction OFF FB
페이스북
스토어
페이스북 딜
카드결제
페이스북 크레딧
소셜게임 내 결제
f-commerce: selling on Facebook
Facebook assisted commerce: selling with Facebook
페이스북 체크인
페이스북
스토어 프론트
페이스북 인증
오픈 그래프
프로토콜
소셜 플러그인
그래프 API
페이스북 광고
페이스북 마케팅

4천만 명의 팬을 가진 레이디 가가

레이디 가가 Lady GaGa 는 이탈리아계 미국인으로 본명은 "스태파니 조앤 앤젤리나 저마노타"이다. 155센티미터의 작은 키에 그리 예쁘다고는 할 수 없는 얼굴의 가수.

뉴욕에서 태어난 그녀는 네 살에 악보 없이 피아노를 연주했고, 열세 살에 첫 노래를 작곡할 정도로 음악에 뛰어난 재주를 가지고 있었다. 뉴욕 음대에 조기 입학했으나 18살 때 중퇴하고 집을 떠난다. 그녀가 간 곳은 마약과 폭력이 난무하는 뉴욕 동남부의 베레스크 클럽 패러디와 스트립을 뒤섞은 쇼 이었다. 그녀는 이곳에서 반나체로 춤을 추고 노래하면서 이제까지와는 전혀 다른 팝 Pop 을 경험한다.

그녀는 그룹 퀸 Queen 의 히트곡인 "라디오가가"에서 따온 "레이디 가가"라는 예명을 쓰고 열아홉에 음반사와 첫 계약을 하지만 석 달 만에 쫓겨나고 대신 그녀는 브리트니 스피어스, 푸시캣 돌스 같은 스타의 곡을 쓰면서 실력을 키운다.

2008년, 마침내 가가는 하우스 오브 가가 Haus of GaGa라는 팀을 결성해 첫 음반을 낸다. 모두 26세 이하의 젊은 친구들 답게 현란한 의상, 짙은 화장에 화려한 무대와 음향을 창안해 독특한 색깔을 뽐냈다. 뮤직비디오는 그들의 최종 지향점이 앤디 워홀이라는 것을 반영하듯 참신했다.

그러나 돈이 많지 않아 방송이나 신문에 홍보할 여유가 없던 하우스 오브 가가는 마이 스페이스와 유튜브 같은 소셜네트워크를 홍보에 적극 활용했다. 이들은 트위터가 등장하자 트위터를 적극 활용했고, 페이스북이 뜨자 페이스북을 홍보 수단으로 삼았다.

2011년 6월, 트위터 팔로어가 1050만 명을 넘어선 레이디 가가는 개인으로서 가장 많은 팔로어를 보유한 기록 보유자이다. 페이스북에도 페이지를 개설해 팬들이 좋아요 I Like를 누르도록 했는데, 3800만 명의 팬을 보유하고 있다.

그녀는 뮤직비디오를 TV가 아닌 유튜브에 처음 공개된다. 새 앨범 소식은 트위터로 알린다. 미국의 광고 전문지인 애드버타이징 에이지 Adveitiging Age의 표현처럼 "그녀는 모든 수단과 기술을 총동원해 팬과 소통한다. 그녀는 걸어 다니는 소셜네트워크이다. 또한 소셜네트워크는 관객을 끌어들이는 거대한 무형의 무대이다. 그녀는 스타벅스부터 아마존까지 수많은 그룹을 사업 파트너로 끌어들인다. 결국 그녀는 데뷔한 지 1년 만에 세계 최고의 팝스타가 됐고 2011년 포브스 Forbes가 선정한, '세계에서 가장 영향력 있는 명사'에 선정됐다.”

하우스 오브 가가는 소셜네트워크를 활용하는 데 천재적인 능력을 가지고 있다. 이들은 2011년 6월, 소셜 게임인 팜빌Farmville을 통해 새 앨범을 공개했다. CNBC는 “게임을 통해 신곡이 공개되기는 이번이 처음”이라며 호들갑을 떨기도 했다.

팜빌은 페이스북의 소셜 게임이다. 온라인상에서 농작물을 수확, 판매하고 영토를 넓혀가는 징가Zinga에서 만든 게임으로 4600만 명이 이용하고 있다. 레이디 가가는 이 게임에 “가가 빌GaGaVille”이라는 농장을 만들었다. 그리고 정해진 미션을 완수하면 신곡을 들을 수 있도록 했다.

AP통신은 “가가빌은 페이스북, 트위터, 게임 등 팬들이 모여 있는 곳으로 연예인들이 달려가고 있다는 상징이 될 것이다.”라고 분석했다. 이처럼 하우스 오브 가가는 소셜네트워크를 이용해 레이디 가가를 세계 최고의 팝가수로 키웠다. 레이기 가가의 사례는 전통적인 매스마케팅을 잊고 소셜 마케팅으로 전환할 때가 온 것이라는 방증이 될 수 있다.

그럼 이제부터, 레이디 가가의 F-커머스 전략을 구체적으로 살펴보도록 하자.

www.facebook.com/ladygaga로 접속하면〈그림1〉 레이디 가가의 페이스북 페이지로 들어간다. 레이디 가가의 페이지에서는 새 노래의 뮤직비디오를 감상할 수 있다. 또한 링크를 클릭하면 바로 애플 스토어로 연결돼 곡을 구입할 수도 있다. 담벼락에서는 레이디 가가가 올린 글, 사진, 그리고 동영상 등을 감상할 수 있다.

〈그림1〉

LADY GAGA
BORN THIS WAY
Download on
iTunes
VEVO
Next ▶
The Edge Of Glory
Lady Gaga
Play Now
Judas
Lady Gaga
Music Videos
Newsletter
Store
Grey Label
BORN THIS WAY THE ALBUM
AVAILABLE NOW!!
39,121,431
MINDLESS
BEHAVIOR
Semi Precious

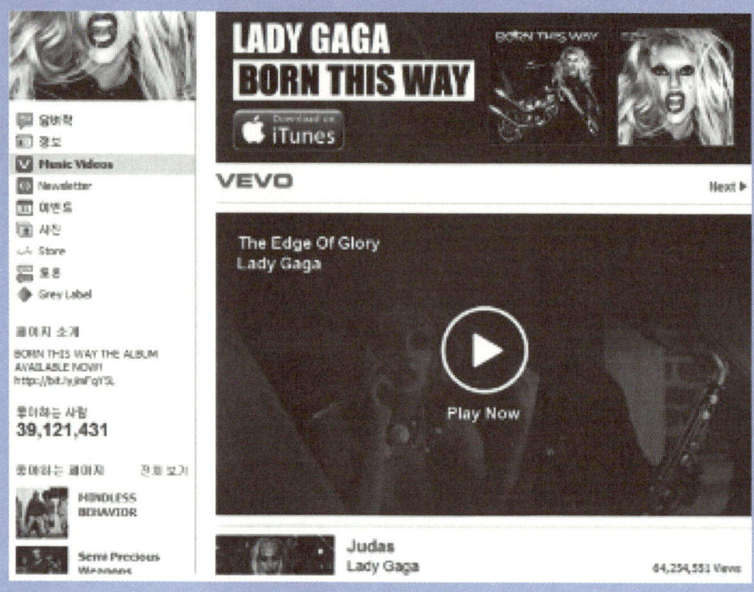

뮤직비디오, 페이지뿐 아니라 가가가 올린 하나의 글에도 일일이 '좋아요'와 댓글을 입력할 수 있기 때문에, 팬들과 실시간으로 대화할 수 있다. 정보에 들어가면, 레이디 가가의 개인적인 정보와 프로필이 올라와 있다. 가수 페이지라면 빠질 수 없는 뮤직비디오난에서 가가의 뮤직 비디오들을 감상할 수 있음은 물론이다.

'좋아하는 사람' 아래의 수는 <그림2>, 레이디 가가에게 붙은 '소셜의 여왕'이라는 별명이 과언이 아님을 확실히 보여준다고 할 수 있다. 이는 페이지에 처음 들어와서, 화면 상단 '좋아요' 버튼을 클릭한 사람의 수이다. 'Like' 즉, '좋아요'를 클릭하면 레이디 가가 페이지의 팬이 되는데, 새 글과 정보 등을 메일로 받아볼 수 있다.

<그림2>

LADY GAGA
BORN THIS WAY
Download on iTunes
BACK TO VIDEOS
Next Video ▶
Click "Like" at the top of this page to unlock this video.
Music Videos
Newsletter
Store
Grey Label
39,121,431
MINDLESS BEHAVIOR
The Edge Of Glory
Share
Buy this song:

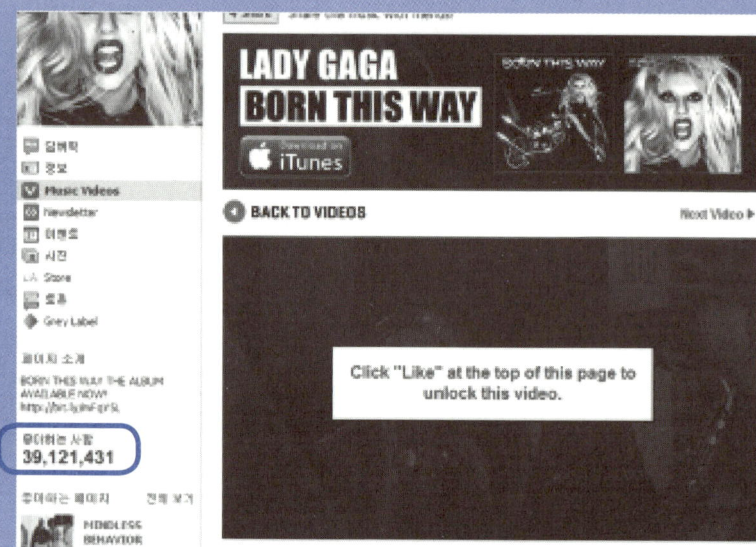

레이디 가가가 세계적 스타가 되는 데 걸린 시간은 놀랍게도 고작 18개월에 불과하며, 미국의 한 대학은 가가의 삶과 명성에 대한 강의를 개설하기도 했다. 그녀의 트위터 팔로어는 990만 명, 페이스북 친구는 3376만 명에 달한다. 유튜브를 통한 동영상 클릭 수는 10억 회를 넘어섰다. 레이디 가가가 'SNS 마케팅의 교과서'로 불리는 이유다.

일본 대지진 때도 그녀의 SNS 활용 능력은 빛을 발했다. 트위터에 위로의 글을 올리고 1600만달러를 기부했다. 또 직접 제작한 구호 팔찌를 홈페이지에서 판매하기도 했다. 채널은 페이스북과 트위터 두 개였는데 5달러짜리 팔찌를 8시간 만에 25만달러어치나 팔았다. 그녀는 수익금 전액을 기부했다. 홍보, 기부, 소통을 한 번에 해치우는 그녀이기에, 기업 입장에서도 배울 점이 많다.

담벼락〈그림3〉에 들어가면, 레이디 가가가 올린 글들을 볼 수 있다고 했다. 그녀의 글에 대한 팬들의 반응은 가히 폭발적이다. 글이 올라온 지 5시간 만에 2만3138명이 '좋아요!'를 클릭했고 댓글은 모두 2024개가 달렸다.

<그림3>

Lady Gaga performs You & I live on Paul O'Grady. New album BORN THIS WAY available now at http://itunes.com/ladygaga
5시간 전 · 좋아요 · 댓글 달기 · 공유하기
23,138명이 좋아합니다.
2,024개의 댓글 모두 보기
댓글을 입력하세요...

Lady Gaga
Born This Way & Judas

Lady Gaga - Born This Way & Judas on Paul O'Grady
www.youtube.com
Lady Gaga performs Born This Way & Judas live on Paul O'Grady. New album BORN THIS WAY available now at http://itunes.com/ladygaga
5시간 전 · 좋아요 · 댓글 달기 · 공유하기
21,663명이 좋아합니다.

이것이 바로 페이스북의 힘이다. 하지만 그저 사람이 많은 것만이 장점이라고 할 수는 없다. 실시간 소통이 주요했다. 댓글을 통해 모르는 이와 같은 주제로 대화를 나누고 심지어는 가가와 함께 이야기를 나눌 수도 있다.〈그림4〉 신기하지 않은가?

<그림4>

BORN THIS WAY - THE ALBUM
BORN THIS WAY
Lady Gaga
Invite all of your friends and fellow little monsters to join the countdown! 5.23.11
Pre-order now: http://amzn.to/hqQ0RS
www.ladygaga.com
Ceci Danz Summerall
I already own all the albums. His tickets were within reach so not only wealthy can go.
Joshua Keller님이 좋아합니다.
Jordan Park
Nick Unverricht
Samuel Guerrero
Akondra Joanne Orvell

팬 페이지의 담벼락에는 팬들이 올린 새 글이 매일 올라온다. 여기서 새로운 친구를 사귈 수 있고 내가 느끼는 가가의 감상평 등을 올릴 수도 있다. 가가 측에서는 신곡에 대한 반응이 바로바로 올라오니 좋고, 듣는 이들도 무료로 뮤직 비디오를 감상하며 같은 취향을 가진 이들과 소통할 수 있으니 일거양득인 셈이다. 가가에게도, 팬들에게도 페이스북 페이지는 무척 바람직한 장이다.

레이디 가가는 신곡을 발표할 때면 이렇게 배너〈그림5〉를 통해, 앨범의 재킷과 제목 등을 홍보한다. 위에서 잠깐 언급했듯이 'Download on iTunes' 버튼을 클릭하면, 바로 애플 스토어에서 노래를 다운로드할 수 있다. 굳이 음반가게까지 갈 필요가 없고 페이스북 페이지 단 한곳에서 모든 것을 해결할 수 있다.

〈그림5〉

www.facebook.com/ladygaga에 들어가서, 페이지 왼쪽 메뉴
바의 'Store' 버튼을 클릭하면 레이디 가가가 디자인하거나, 그녀의
팀과 함께 구상해서 만든 상품 혹은 앨범을 구매할 수 있다.〈그림6〉 페
이지 하나를 여는 데 큰 수고가 든다고 할 수는 없지만, 한 장소에
서 소통·응원·구매 등 팬들이 할 수 있는 모든 것을 구비하고 있다
면 분명 팬들에게는 매력적인 제안이 아닐 수 없다. 'Buy it'을 클
릭하면, 물건을 바로 구매할 수 있으며 '공유하기'를 클릭해 친구들
에게 이런 물품이 있다는 것도 알릴 수 있다.

그림6

Store
Lady Gaga 'Born This Way' Merchandise Bundle
Po: 박스
BUY IT
공유하기
Lady Gaga 'Born This Way' EP CD Single Bundle
Posted 6/20/2011
BUY IT
공유하기
Lady Gaga - Born This Way Vinyl LP
Posted 6/7/2011
BUY IT
공유하기
Lady Gaga Heartbeats In-Ear Headphones - Bright Chrome
Posted 6/2/2011
BUY IT
공유하기

다음으로, 미국의 익스프레스^{Express}백화점 페이지〈그림7〉를 살펴보자. http://www.facebook.com/express

〈그림7〉

팬들과 실시간으로 소통이 이루어지는 모습을 찾아볼 수 있다. 관찰만 할 것이 아니라, 실제로 방방곡곡에서 모은 팬들과 실시간으로 소통하는 노력이 필요하다. 고객의 호감을 얻지 못한다면 구매로 이어질 가능성도 낮아지기 때문이다.

<그림8>

왼쪽 메뉴 바에서 'Shop EXPRESS'〈그림8〉를 클릭하면 남성 의류
와 여성 의류로 분류된 버튼이 보인다. 원하는 성별을 클릭하면, 익
스프레스의 수많은 상품들을 볼 수 있다.〈그림9〉

〈그림9〉

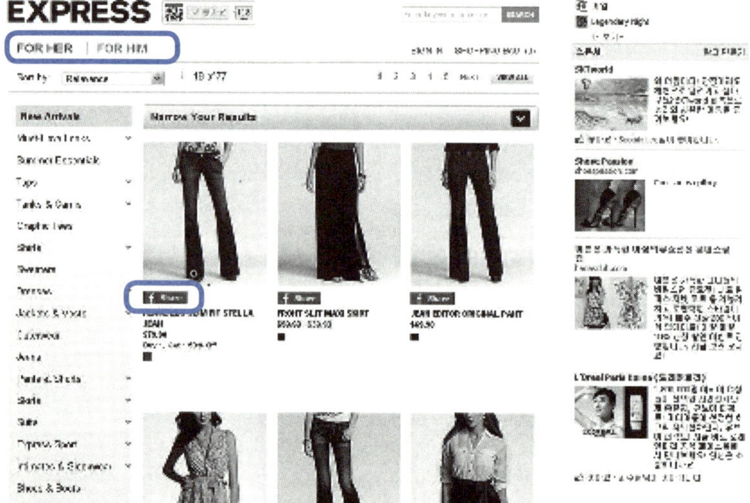

다양한 옷 종류와, 'F share' 버튼을 통한 공유 기능까지 갖춘 것을 볼 수 있다.

페이스북에서 구매까지 원스톱으로 해결할 수 있다면, 페이스북을 하던 고객들은 당연히 페이스북 페이지의 쇼핑몰에서 구입할 가능성이 높다. 여력이 되면 인터넷쇼핑몰을 만들어 페이스북과 동시에 운영해도 좋지만, 페이스북의 몰 하나만 운영해도 충분하다.

다음은 소셜 게임 업체인 징가의 팜빌에서 페이스북 크레딧Credit을 이용하는 사례〈그림10〉이다. 페이스북 내에서 게임은 무료로도 즐길 수 있지만, 게임 머니가 있으면 더 쾌적한 게임 환경이 조성된다.

〈그림10〉

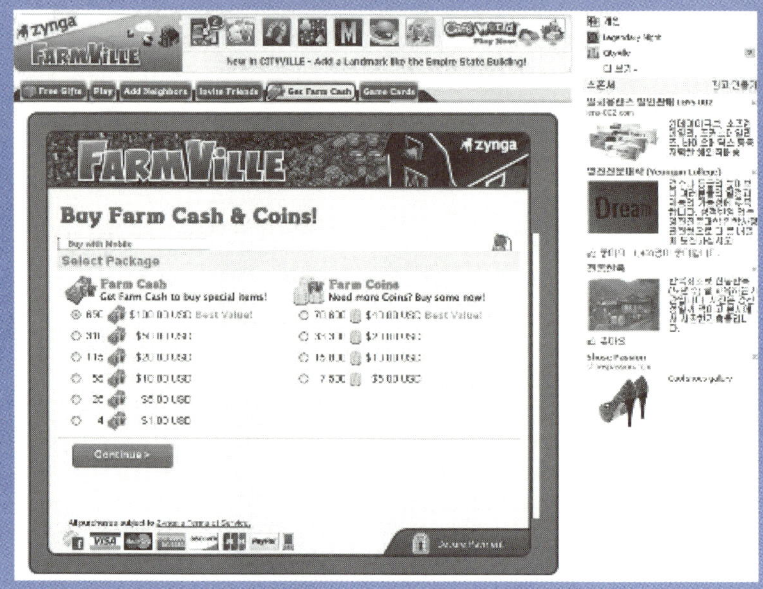

징가의 팜빌은 게임 머니를 살 수 있도록 해서 유저가 더 나은 게임 환경을 만들도록 유도했다. 수익을 확보하는 방법이었다. 원하는 금액을 선택하고 'Continue' 버튼을 클릭하면 원하는 결제 형식을 선택해 돈을 지불하고, 게임 머니를 구입할 수 있다.〈그림11〉

〈그림11〉

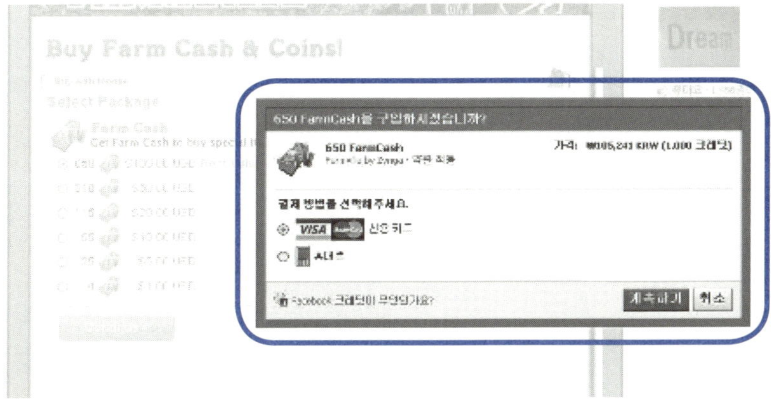

이는 페이스북 크레딧Facebook Credit을 이용하는 것으로 비용은 페이스북으로 간다. 최근에는 한국 유저들도 소셜 게임에서 크레딧Credit을 이용할 수 있다.

〈그림12〉

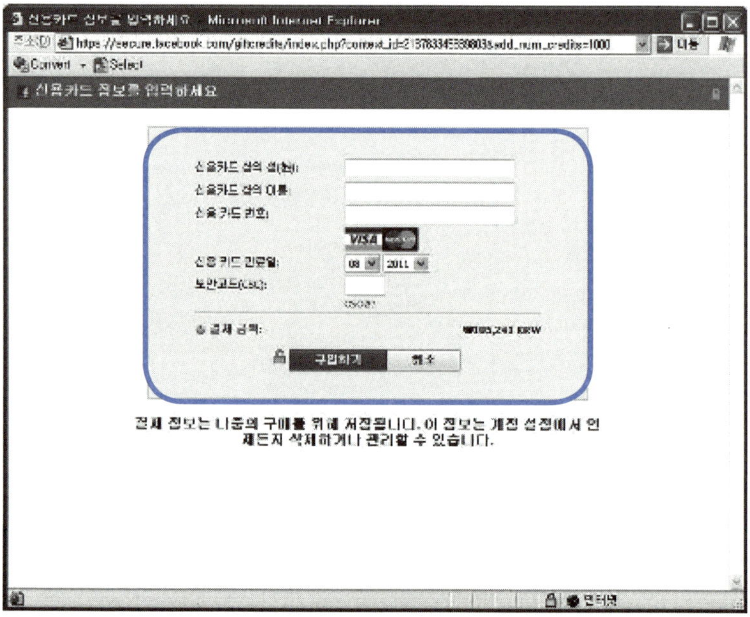

계속하기를 클릭하면 이런 창〈그림12〉이 보인다. 카드 정보를 입력하고 구입하기를 클릭하면 결제가 완료되는데, 페이스북을 계속하면 이런 식의 상거래 도구가 굉장히 편리하게 만들어져 있다는 것을 느낄 수 있다. 좋은 사업 아이디어로 잘 팔릴 만한 상품을 만드는 것도 중요하지만, 자신이 쓰는 도구를 제대로 이해하고 적재적소에 사용하는 것도 그에 못지않게 중요하다. 페이스북을 이용하고 친구들과 소통하면서 소셜네트워크가 어떤 식으로 이루어지고 있는지부터 이해할 필요가 있다.

F-커머스 일본 사례

일본에서는 앞서 언급했던 세티스팩션 게런티드 Satisfaction guaranteed 의 사례를 살펴보고자 한다. www.facebook.com/japan.satisfactionguaranteed

〈그림13〉

SG ^{satisfaction guaranteed}의 페이지에 접속한 모습〈그림13〉이다. '좋아요'
버튼을 클릭하면 페이지의 팬이 되고, 정보를 받아볼 수 있다. 왼쪽
메뉴 바의 'sg_golf'를 클릭하면 이 홈페이지에서 판매하는 골프복
페이지〈그림14〉를 볼 수 있다.

〈그림14〉

SG^{satisfaction guaranteed}의 상품 페이지이다. 원하는 색상과 사이즈를 선택한 후, 'Add to cart^{장바구니에 담기}'를 클릭해 보았다.

<그림15>

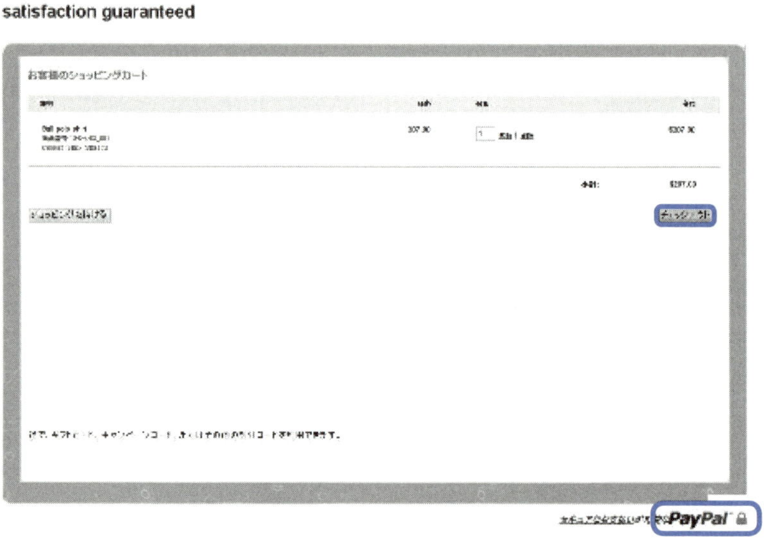

satisfaction guaranteed

이런 페이지〈그림15〉를 볼 수 있다. 오른쪽 아래의 페이팔paypal 로고가 보이는가? 상품의 색상과 정보를 확인한 후, 다음 단계로 나아가기 위해 오른쪽의 노란색 버튼을 클릭해 보았다.

〈그림16〉

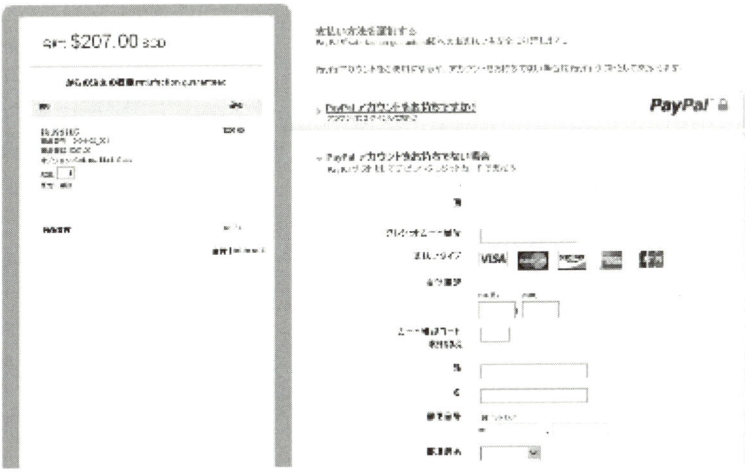

　페이팔은 기본적으로 신용카드 결제를 돕는다. 카드의 종류와 유효기간, 주소, 인적사항 등을 입력하고 다시 맨 아래의 노란색 버튼을 클릭하면 결제가 완료된다.〈그림16〉 이런 식으로 우리는 간편하게 페이스북을 통한 상거래를 할 수 있다.

F-커머스 국내 사례

다음으로, 한국형 결제모듈인 'INIP2P'로 상품을 구매하는 과정을 살펴보자. 참고로 이 과정은 국내 최초로 공개하는 것이다.

〈그림17〉

“iLike Fcommerce”페이지의 강좌 결제 창〈그림17〉이다. 여기서 상품가격 옆에 있는 파란 동그라미 안의 세모 아이콘을 클릭하면 상품의 자세한 안내가 뜬다.〈그림18〉

〈그림18〉

INIP2P를 통한 안전결제하기 버튼을 클릭하면, 결제 페이지가 나
타난다. 페이팔과 비교하면 물건을 받아보고 구매를 결정할 수 있다
는 장점이 있다. 이런 창이 뜬다.〈그림19〉

〈그림19〉

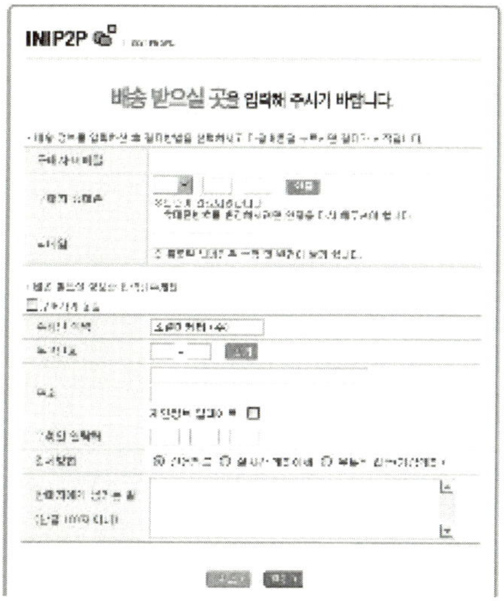

구매자 정보를 입력한 후, 결제 버튼을 클릭하면 구입할 수 있는데 신용카드·실시간 계좌이체·무통장 입금 등 다양한 결제 수단도 선택할 있다. 구매자들은 인터넷을 통해 신용카드를 사용할 때 느꼈던 찜찜함을 해소할 수 있을 것이다.〈그림20〉

판매자 입장에서도 페이스북을 이용한 상거래 활동은 전혀 어렵지 않다. INIP2P 모듈을 사용하기 위해 사업자등록 등 거쳐야 할 절차들이 있지만, 프로그램 이용은 무척 간단하다.

〈그림20〉

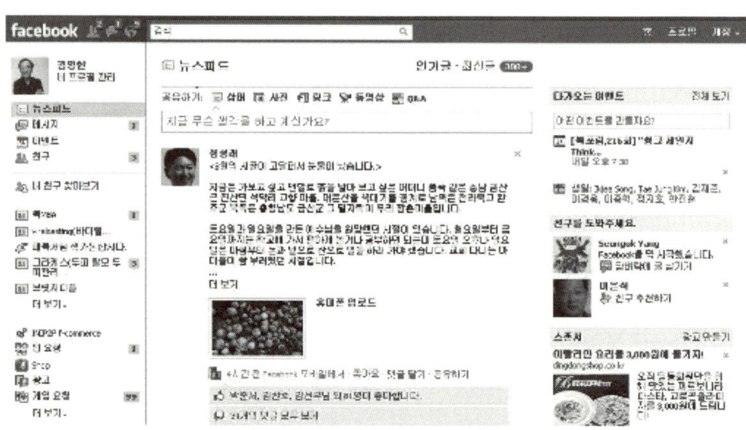

또한 판매자가 상품을 관리하고 싶을 때. 자신의 홈 페이지에 들어가서, INIP2P 'F-COMMERCE' 버튼을 클릭하면 이런 창을 볼 수 있다.〈그림21〉

〈그림21〉

　이용 방법을 모르는 사용자에게는 이용 방법부터 친절하게 제시해 주며, 상품등록, 상품 조회, 구매, 판매 조회 등을 한 번에 해결할 수 있어 편리하다. 이 프로그램으로 거래했을 때, 구매자가 구매 확인을 클릭해야만 돈을 받을 수 있는데, INIP2P 측에서 수수료를 제한 금액을 판매자의 계좌로 넣어준다. 이는 출금 요청란에서 할 수 있다.〈그림22〉

〈그림22〉

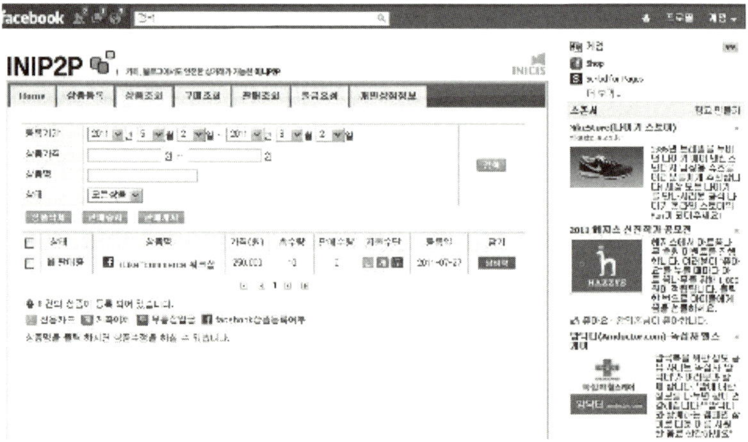

상품 조회란에서는 자신이 등록한 상품을 관리할 수 있다. 판매 중이던 상품의 소진 시, 상품을 내릴 수도 있으며 지불 수단을 선택할 수도 있다. 이 모든 과정을 페이스북과 연계해 할 수 있다는 것은 하나의 사이트에서 여러 가지 작업을 할 수 있다는 면에서 굉장히 편리한 도구이다.

〈그림23〉

이런 식으로 등록한 상품은 자신의 페이지에 들어가면 확인할 수 있다.〈그림23〉

〈그림24〉

등록만 해둘 것이 아니라, 구매자들이 내 페이지에 들어와서 상품을 살펴볼 때 구매하기 편하게 돼 있는가, 고쳐야 할 점은 무엇인가 등을 주기적으로 체크할 필요가 있다.〈그림24〉 내 페이지를 개설해 물건을 판매하기 전에, 유명 페이지를 방문해 어떤 식으로 판매가 이루어지고 있는지 관찰하는 것 역시 중요하다.

〈그림25〉

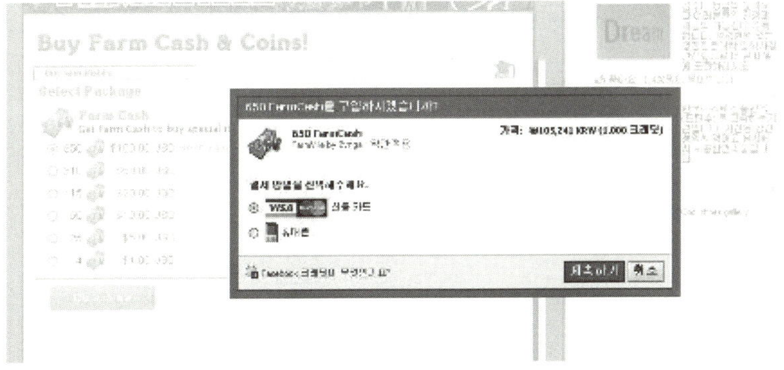

게임 머니의 결제는 원하는 결제 형식을 선택해 돈을 지불하고 구
입할 수 있다.〈그림25〉

〈그림26〉

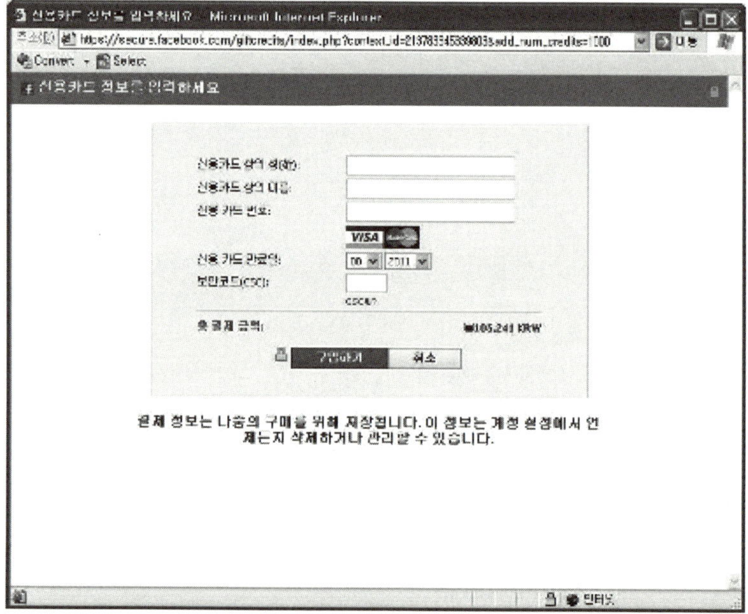

계속하기를 클릭하면 이런 창을 볼 수 있다.〈그림26〉 카드의 정보를 입력하고 구입하기를 클릭하면 결제가 완료되는데, 페이스북을 하게 되면 이런 식으로 상거래 도구가 굉장히 편리하게 만들어져 있다는 것을 실감할 수 있다.

좋은 사업 아이디어로 잘 팔릴 만한 상품을 만드는 것도 중요하지만, 자신이 쓰는 도구를 제대로 이해하고 적재적소에 사용하는 전략도 그에 못지 않게 중요하다. F-커머스로 사업을 할 계획이 있다면, 먼저 페이스북을 이용하고 친구들과 소통하면서 소셜네트워크가 어떤 식으로 이루어지고 있는지부터 이해할 필요가 있다.

국내에서 페이스북의 이용자가 400만 명을 넘어서자 기업들이 홍보와 소셜 분석을 위해 페이지를 앞다퉈 개설하고 있다. 기업이 페이지를 개설하는 유형은 크게 기업 홍보, 팬 관리, 소셜 분석, 해외 마케팅 등 4가지로 나뉜다.

기업 홍보를 위해 제일 먼저 나선 기업이 삼성그룹이다. 팬 관리를 위한 페이지 활동에는 삼성전자, KT가 적극적이다. 삼성전자는 팬 페이지 Samsung Tomorrow를 개설해 2010년 8월부터 팬과의 소통을 시작했다.

KT는 팬 페이지를 통해 고객과 소통하고 자사 서비스와 관련된 사진과 동영상을 제공한다. 또한 주기적으로 고객 참여 이벤트를 벌려서 팬 숫자를 늘려 나가고 있다. SK텔레콤, LG U플러스, NC소프트, 하나은행, 기업은행, 현대카드, 금호타이어, 아시아나항공, 예스24, 영진닷컴, 롯데 영프라자 등이 팬 관리를 위해 팬 페이지를 운영하고 있다.

소셜 데이터를 경영 자료로 삼고 있는 기업도 늘어나 삼성전자, LG전자, 현대자동차, KT 등에서는 이미 페이스북 페이지의 데이터를 경영 자료로 참고한다. 통계를 보면 국내기업으로 페이지의 팬 수가 가장 많은 곳은 SM타운이고, 2위는 MBC, 3위가 삼성그룹이다.

페이지를 개설하는 기업이 빠르게 늘고 팬 숫자도 급증하는 상황이지만 페이지에서 상거래를 하는 F-커머스에 참여한 기업은 많지 않다. 2011년 하반기부터 소셜 게임에서 페이스북 크레딧을 이용한 결제가 가능해진다. 최근에는 신용카드 결제도 가능해져서 F-커머스에 참여하는 중소기업이나 개인사업자들이 많아지고 있다. 이를 해외마케팅에 적극적으로 활용하는 기업은 삼성전자의 무선사업부와 VD사업부로, 이들은 영문 페이지를 운영하고 있으며 대한항공도 영문 페이지로 해외 팬들을 맞아들이고 있다.

대기업이 아닌 중견기업으로는 SM엔터테인먼트가 'SM Town'이라는 영문 페이지를 만들어 세계 각국에서 K팝 팬들을 끌어모으고 있다. 또 기아자동차는 소울 Soul을 미국시장에 홍보하기 위해 미국마케팅회사에 용역을 주어 'KiaSoul' 페이지를 제작하고 운영까지 맡기고 있다.

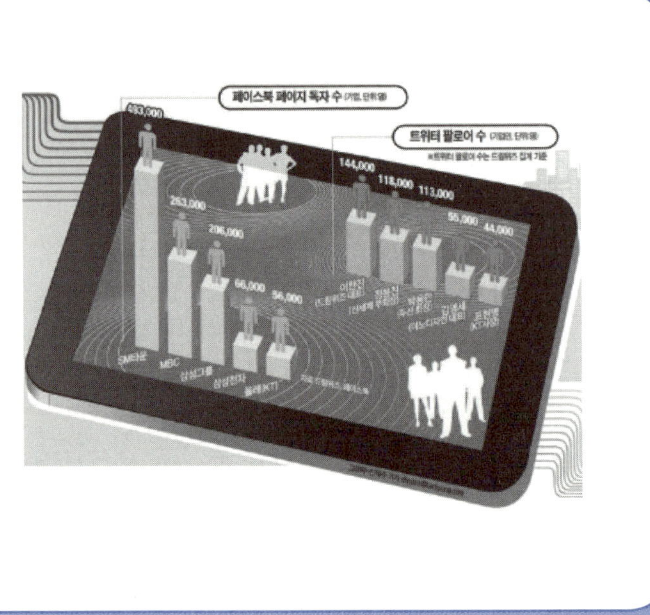

페이스북 페이지 독자 수 (기업, 단위명)
트위터 팔로어 수 (기업인, 단위명)
※트위터 팔로어 수는 드림위즈 집계 기준
493,000
253,000
206,000
66,000
56,000
144,000
118,000
113,000
55,000
44,000
SM엔터
MBC
삼성그룹
삼성전자
올레KT
올레 드림위즈 페이스북
이찬진
(드림위즈 대표)
표현명
KT사장

Part4 페이스북이 귀띔하는 F-커머스의 장점

상품 개발에 고객의 소리 반영

　고객이 원하는 상품을 개발하려면 기술자들은 고객이 무엇을 원하는지부터 알아야 한다. 그러나 대부분의 기술자들은 기술에만 몰두할 뿐 시장의 변화나 고객의 니즈 파악에 소홀한 경우가 많다.

　페이스북에서는 고객[팬]과 직접 대화를 할 수 있고 고객이 무엇을 원하고 어떻게 반응하는지도 실시간으로 파악할 수 있다. 페이스북이 제품개발과 혁신을 불러일으키는 데 핵심적 역할을 할 수 있다는 말이다.

a. 시제품에 대한 반응을 볼 수 있는 캠페인 실시

- 고객 반응 자료를 요구하는 이벤트 프로그램을 전개
- 커뮤니티에 참여하면 인센티브 제공

b. 마케팅 채널을 통한 캠페인 실시

- 페이스북의 광고 프로그램을 실시해 유형별 반응 파악
- 웹이나 블로그와 연계한 캠페인 실시 후 반응 파악

c. 페이지 인사이트를 통해 고객 특성 분석

- 인사이트 분석을 통한 소셜 캠페인의 최적화
- 분석 자료에 의한 전략 수정

d. 그래프 API와 소셜 플러그를 이용한 고객경험 분석

- 그래프 API, 그리고 웹에 있는 고객과 제품의 관계 분석

- 플러그인 기능을 활용한 페이스북 내에서의 고객경험 분석

e. 제품수명주기PLC **전반에 걸친 고객경험 분석**

- 제품수명주기Product Lige Cycle에 따른 페이스북 내에서의 고객경험 분석

켄터키에 본사를 둔 파파존스피자는 미국에서 도미노피자. 피자헛 다음으로 큰 피자 체인이다. 이 회사는 팬들의 아이디어를 신상품에 적용한 "피자 챌린지~ 당신만의 오리지널 피자를 만드세요"라는 이벤트를 페이지에서 진행했다. 우승한 피자는 실제로 상품화돼 점포에서 판매된다. 결선에 오른 3가지 피자 중 자신이 먹고 싶은 것을 골라서 '좋아요' 버튼을 누르는 방식으로 인기투표를 진행했다.〈그림27〉

〈그림27〉

고객 인지도 향상

마케팅 중에 가장 많은 비용이 '인지도 올리기'에 투자된다. 대기업들은 인지도 향상에 상당한 비용을 투여해도 문제가 없지만, 대부분의 중소기업은 몇천만 원에서 몇억 원이 투자되는 비용을 감당하기 힘들다.

페이스북을 이용하면 특정인에게 인지도를 높이는 데 큰 비용을 들이지 않아도 된다. 뉴스피드나 이벤트 등으로 목표 집단에 노출할 수 있고, 페이스북 광고를 활용해 목표 고객의 인지도를 높일 수 있다.

인지도 향상을 위한 페이스북의 기능을 보면 다음과 같다.

a. 목표고객을 설정해 페이스북 광고를 만든다.

– 페이스북은 고객의 프로필에 따라 목표 집단을 설정한다.

– 간결한 메시지의 배너광고를 한다.

b. 다른 웹에 소셜플러그인Plug-in한다.

– '좋아요' 버튼을 다른 웹 사이트에 심어서Plug-in 방문을 유도한다.

– 다른 페이지나 웹에 메시지를 심어서 바이럴Viral 효과를 꾀할 수 있다.

c. 친구의 프로필에 스폰서의 스토리 게제

– 스폰서의 스토리가 친구의 뉴스피드 오른쪽에 나타나도록 한다.

d. 표적고객에 도달할 수 있는 최적화 캠페인

　－ 좋아하는 관심사, 인구구조특성에 따라 맞춤

　－ 포스팅에 따른 반응의 최적화

홀푸드 Whole Foods 는 텍사스에 본사를 둔 유기농 식재료 전문 슈퍼 체인이다. 미국에 170개 점포가 있고 캐나다. 영국에도 진출해 있다. 본사 페이지는 70만 명의 팬이 있으며 지역별로 점포별 페이지를 운영한다.

점포별 페이지는 로컬 콘텐츠가 주된 내용이다. 해당 점포의 스페셜 정보, 점포에서 개최하는 정기 이벤트 정보가 있다. 점포 이벤트는 헌책 장터, 자선행사. 어린이 그림 교실 등 지역 주민의 생활 밀착형이다.〈그림28〉

〈그림28〉

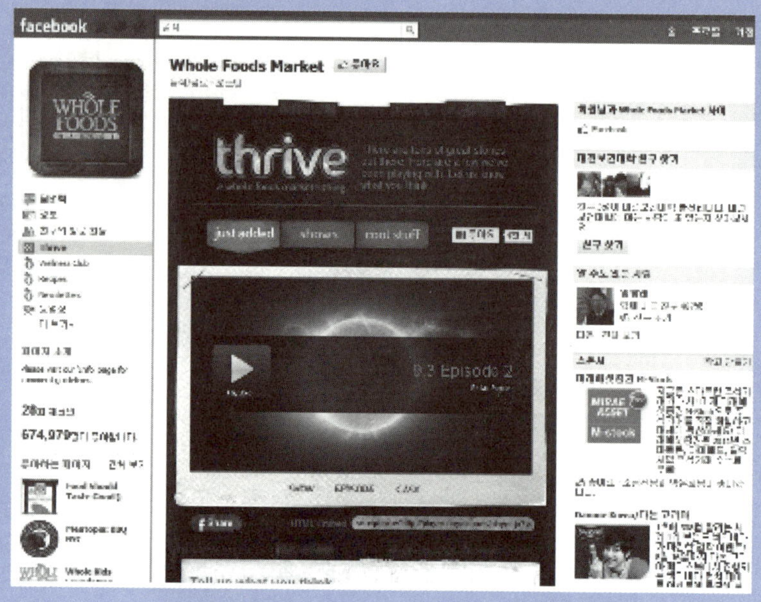

고객 선호도 향상

광고는 인지도를 높이는 데 효과적이지만, 구매와 연관이 깊은 선호도Preference를 높이는 데에는 한계가 있다. 선호도를 높이려면 보다 구체적이고 실용적인 정보가 있어야 하고 1회성이 아닌 여러 번의 반복적인 노출이 있어야 한다.

페이스북은 친구 관계로 형성된 사람들이 모여서 반복적으로 정보를 주고받기 때문에 선호도를 높이는 효과가 크다. 고객들이 상품구매에 가장 큰 영향을 받는 수단은 아는 사람의 추천이다. 페이스북은 친구의 추천과 비슷한 효과를 가지고 있다.

a. 사람들이 우리 비즈니스에 대해 어떻게 생각하는지 듣기

- 사람들이 우리 비즈니스를 어떻게 생각하고 있는지 물어본다.
- 관심도를 표시한 내용에 대해 분석한다.

b. 통합브랜드 구축 캠페인

- 전통적인 미디어와 연계한 페이스북 브랜드 구축
- 통합브랜드에 대한 스토리 만들기

c. 온라인 브랜드와 SNS의 통합 브랜드

- 기존의 오프라인 미디어TV, 신문, 인쇄와 페이스북의 통합 브랜드에 대한 의견 수렴

- 웹, 모바일 어플리케이션과 페이스북의 통합 브랜드에 대한 의견 수령

- 담벼락을 모니터링해 고객의 기호 파악

- 브랜드별로 고객 반응을 추적해 선호도 파악

- 상품 유형별 고객층의 기호파악

최근 현대자동차와 기아자동차의 미국시장 점유율이 급상승하고 있다. 가격보다는 품질이 우수하다는 점을 집중적으로 홍보하고 있다. 기아자동차의 경우 박스형 스포츠유틸리티차 SUV인 소울 Soul을 미국시장의 전략 기종으로 설정해 공략하고 있다.

미국의 마케팅 홍보기업에 용역을 줘 미국인들의 기호에 적합한 소울 페이지를 만들었다. 이렇게 탄생한 기아 소울 KiaSoul은 기획, 제작, 운영을 미국회사가 맡고 있다. 〈그림29〉

<그림29>

초기 소셜네트워크서비스SNS는 대부분 인맥관리나 소통의 도구로 이용됐다. 페이스북도 초기에는 '프로필'이 중심이었다. 그러나 비즈니스 고객을 위해 페이지를 만들었고 여기에 결제기능을 추가하면서 페이지 내에서도 상거래가 가능하게 됐다. 페이지 방문객을 늘리고 여기에 판매가 일어나도록 하면 인터넷쇼핑몰 못지않은 매출을 달성할 수 있다.

페이스북은 다른 웹이나 SNS와 달리 '좋아요'를 클릭하면 쉽게 팬Pan으로 등록된다. 팬으로 등록되면 쉽게 바이럴 캠페인을 실시할 수 있고 바로 구매로 연결할 수 있다. 트래픽과 매출을 올리기 위해서는 다음과 같은 항목을 생각해 볼 필요가 있다.

a. 판매하고자 하는 상품과 판매목표를 설정

b. 페이스북 내에서 클릭을 높일 수 있는 방법

 – 다른 웹이나 블로그를 연결할 수 있는 프로그램 설치

 – 페이스북 광고 캠페인 실시

c. 결제모듈 설치

 – 가상 화폐인 페이스북 크레딧으로 결제할 수 있도록 한다.

 – 결제 회사와 연결해 결제모듈을 설치한다.

d. 구매 시점에서 소셜 경험 만들기

– 고객 유형별 쇼핑몰에서 상품별로 구매 패턴의 분석

– 상품별 구매 패턴 분석을 위한 그래프 API

d. 지역별로 구매 패턴 분석

– 지역별 광고 효과분석

– 지역Plage 기능을 이용한 지역별 구매 패턴

미국에서는 F-커머스가 보편화돼 있어서 실제로 쇼핑몰을 운영하는 회사가 많이 있다. 익스프레스Express백화점은 전 품목을 페이스북에서 판매하고 구매할 수 있는 페이지를 만들었다.

인터넷쇼핑몰과 똑같이 카테고리별로 쇼핑몰을 구성하고 바로 구매할 수 있는 쇼핑카드를 만들어서 결제할 수 있다.〈그림30〉

<그림30>

바이럴 효과

페이스북과 같은 SNS의 공통적인 특징은 입소문 효과 Viral effect 가 높다는 것이다. 짧은 글이지만 소구력이 강하고 사진이나 동영상이 곁들여지면 설득력은 더욱 높아진다. 대부분의 SNS들이 게시물을 다른 사람과 공유하거나 퍼가기 쉽도록 만들어져 있어서 바이럴 효과를 높이고 있다.

페이스북에서는 누구든지 자유롭게 뉴스피드에 게시물을 올리면 친구의 뉴스피드에 자동적으로 뜨고, 이것이 마음에 들면 즉시 다른 친구의 뉴스피드에도 올려서 빠르게 전파된다. 바이럴 효과를 높이기 위해서 다음과 같은 것들을 생각해볼 수 있다.

a. 페이지의 소통 채널을 개방

- 고객과 고객 사이의 커뮤니케이션 채널을 개방
- 공유를 자극하는 게시물과 동영상

b. 콘텐츠 운영 계획

- 흥미로운 제품 발표와 이벤트를 미리 공표
- 팬과의 쌍방향 소통

c. 학습과 피드백

- 페이지의 참여와 공유의 분석

F-커머스

포도주를 좋아하는 게리 베이너척^{Gary Vaynerchuk}씨는 와인을 파는 방법이 아주 독특하다. 그는 페이스북 와인 라이브러리TV^{Wine Library TV}라는 페이지를 개설하고 매일 와인 방송을 실시한다.〈그림31〉

자신이 직접 MC가 돼서 와인과 어울리는 음식과 와인 감별법에 대해 20분 정도 방송한다. 와인 2~3병을 추천하고 이 와인을 쇼핑몰에서 구매할 수 있도록 한다. 이 페이지의 팬은 4만 명 정도이고 매일 같이 수천 명이 접속해서 TV를 보고 있으며 입소문을 타고 접속자 숫자가 계속 늘고 있다.

<그림31>

살아 있는 데이터 분석

시장 조사는 시장과 고객을 이해하는 데 도움이 되지만 기존의 시장조사 방법은 시간과 비용이 많이 소요된다. 아날로그 시장조사는 짧게는 1~2달, 길게는 6개월 정도가 소요되는 탓에 고객 정보를 상품 개발과 전략에 반영하기가 어렵다.

페이스북 인사이트 In Sight 는 실시간으로, 고객의 일거수일투족을 의미 있게 분석할 수 있다. 웹 사이트 로그분석은 웹 트래픽의 통계적 분석이지만 인사이트는 고객 프로필과 연결해서 분석함으로서 정상적인 자료도 얻을 수 있다.〈그림32〉

a. 광고 캠페인이나 스폰서 기사에 대한 반응 분석

－ 페이스북 광고에 대한 고객의 인구통계적인 분석과 유입경로, '좋아요' 클릭과 연관성을 분석

－ 포스팅한 게시물에 대한 반응 분석

b. 페이지에서 발생하는 쌍방향 대화분석

c. 캠페인 통계 분석

－ 대규모 광고 캠페인을 실시하면 브랜드 구축의 목표와 캠페인 효과 분석

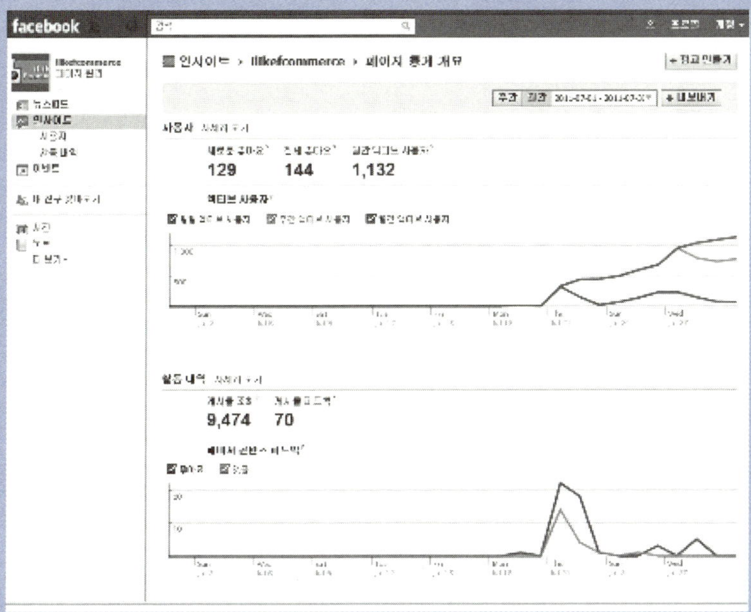

facebook
llikeofcommerce
뉴스피드
인사이드
광고
사진
인사이드 > llikeofcommerce > 페이지 통계 개요
인시이트
129   144   1,132
9,474   70

〈그림32〉

part 5 **F—커머스 실행 7단계**

F숍 만드는 7스텝

목 좋은 곳에 작은 점포라도 하나 내려면 복잡한 절차를 거쳐야 하고 무엇보다 엄청난 비용도 치러야 한다. 그러나 세계 최대 상권인 페이스북에서 나만의 점포 shop을 내는 일은 의외로 간단하고 비용도 거의 들지 않는다. 우리 가게의 간판을 걸고 옷가게를 할 수도 있고, 민박집을 할 수도 있다. 쇼핑몰을 만들 수 있고 교육이나 컨설팅 사업을 할 수도 있다. 페이스북 상권에 점포인 'F숍 shop'을 내려면 다음과 같은 7단계만 거치면 된다.

Step1. 상품 선정

- F숍에 적합한 상품을 선택한다
- 서비스나 소프트웨어 상품도 판매할 수 있다

Step2. 비즈니스모델 수립 & 간판 걸기

- 비즈니스모델을 바꿀 수 있는 좋은 기회이다
- 콘셉트에 맞는 간판을 건다

Step3. F숍 페이지의 개설

- 페이스북 페이지를 만든다
- 기능을 디자인한다

Step4. 상품 올리기

- 상품을 올린다

- 콘텐츠를 올려 흥미를 유발한다

Step5. 결제모듈 심기

- 결제모듈을 심는다

- 행정절차를 거친다

Step6. F숍 마케팅

- F숍을 알린다

- 팬과 대화한다

Step7. 실적 분석

- 매출을 관리한다

- 고객 데이터를 분석한다

F샵을 만드는 7스텝

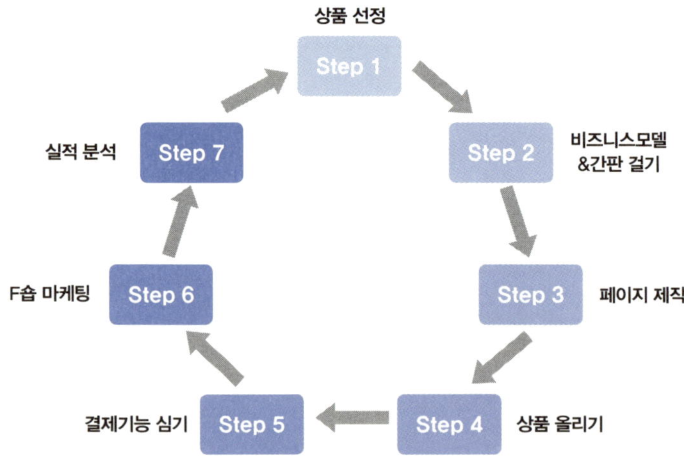

Step1. 상품 선정

F숍 Shop에 적합한 상품을 선택한다

F숍을 개설하고자 할 때는 전략을 먼저 생각한다. F숍은 인터넷쇼핑몰과 비슷하지만 목표 고객이 다르고 판매하려는 상품의 유형이 보다 다양해질 수 있다.

인터넷쇼핑몰은 불특정 다수를 상대로 비슷한 상품을 싸게 파는 데에 유리하다. 그러나 F숍은 특정인들을 상대로 충분한 커뮤니케이션을 거친 후에 차별화된 상품을 판매함으로써 성공적인 마케팅을 할 수 있다.

인터넷쇼핑몰에서 팔던 상품을 그대로 F숍에서 판매하는 것보다는 새로운 시각으로 상품을 선정하는 것이 필요하다. 그동안 인터넷쇼핑몰에서 판매하기 어려웠던 서비스 상품이나 차별화된 상품을 F숍에서 판매하는 것이 좋다. 고객층으로는 20~40대까지 비교적 젊고 대도시에 사는 보보스 Bobos 층을 타깃으로 삼는 편이 좋다. 또한 여러 상품보다는 매력적인 상품 한두 가지로 한정해 집중적으로 이미지를 만드는 것이 유리하다.

경우에 따라 국내시장에서 테스트를 해 해외시장으로 나갈 수 있는 상품을 전략적으로 선택할 수 있다. 인터넷쇼핑은 고객을 확보하는 방법과 쇼핑몰이 분리돼있기 때문에 해외진출이 어려운 반면 F숍은 고객을 모으는 기능과 판매 기능이 페이스북을 기반으로 해

움직이기 때문에 언어만 바꾸어 주면 쉽게 해외진출을 할 수 있다
는 장점이 있다.

서비스나 소프트웨어 상품도 판매할 수 있다

인터넷쇼핑은 생활용품이나 패션 제품을 싸게 판매하기 때문에
주로 젊은 여성들을 고객으로 한다. 하지만 페이스북은 아직까지는
20~40대의 보보스 남성들이 많이 이용하는 사이트이기 때문에 가
격보다는 얼마나 전문화된 상품인지가 중요할 수 있다.

교육, 취미, 레저 등의 서비스 상품도 F숍에서는 손쉽게 판매할
수 있다. 최신 IT 트렌드 관련 소프트웨어나 서비스 등은 오프라인
이나 인터넷쇼핑에서는 찾아보기 힘들기 때문에, 이를 상품화해 판
매하는 것이 F숍에서는 가능하다.

그동안 서비스나 소프트웨어의 상품화가 어려웠던 이유는 상품화
가 어렵고, 시장 규모가 작고, 마케팅 비용이 많이 들기 때문이었다.

그러나 페이스북의 F숍은 제작비와 마케팅 비용이 거의 들지 않기 때문에 무료 혹은 적은 비용으로 서비스나 소프트웨어를 상품화할 수 있다. 또 아직 아무도 시도해 보지 않은 새로운 시장이기 때문에 창의적인 아이디어를 상품으로 만들어 내고 창의적인 마케팅을 전개한다면 새로운 블루 오션이 될 수 있는 시장이다.

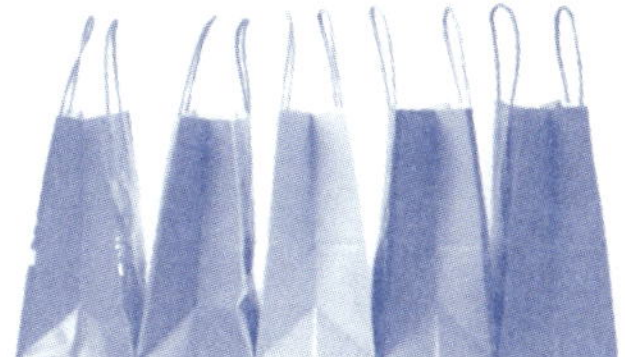

Step2. 비즈니스모델 & 간판 걸기

비즈니스모델을 바꿀 수 있는 기회

비즈니스모델Business model은 신기술이 나올 때마다 부각되는 개념이다. 90년대 말 인터넷 비즈니스가 뜰 때 비즈니스모델이라는 단어가 유행했다. 이 단어는 2009년 스마트 비즈니스가 뜰 때 다시 유행했다가 2011년 소셜 비즈니스가 부각되면서 그 중요성이 다시 강조되고 있다.

비즈니스모델이란 '사업 방식'을 뜻하는 말로, 어떤 제품이나 서비스를 어떤 고객에게 어떤 방식으로 제공하고 마케팅해서 어떻게 수익을 창출할 것인가 하는 사업 아이디어이다.

그동안 대부분의 기업들이 하드웨어만 만들어서 판매하거나 소프트웨어를 따로 판매해서 수익을 내는 비즈니스모델을 고수했다. 하지만 스티브 잡스는 하드웨어·소프트웨어를 묶어서 새로운 시스템을 만들어 냈고, 어플리케이션을 만들어 싸게 판매하는 새로운 비즈니스모델을 만들어 냈다. 마크 저커버그는 소셜네트워크를 플랫폼화해 어플리케이션을 개발할 수 있도록 하고, 소셜 서비스를 무료로 이용할 수 있게 만들었다. 고객을 늘려서 광고료를 챙기거나 어플리케이션의 사용료에서 일부를 공유하는 비즈니스모델을 만들어 낸 것이다.

또한 그들은 기본적으로는 무료이고, 고객이 원한다면 돈을 내고 프리미엄 서비스를 이용할 수 있도록 프리미엄Premium 방식을 채택했다. 스마트와 소셜의 등장으로 기존의 비즈니스모델은 크게 위협을 받고 있는 것이다.

이러한 변화는 기존 모델을 고집하는 사람에게는 위협일지 모르나, 새로운 생각이 번뜩이는 사람에게는 엄청난 기회가 아닐 수 없다. 다시 말해 소셜을 기반으로 한 F-커머스는 작은 기업에게는 더 없이 좋은 기회의 땅인 것이다. 양질의 고객을 확보할 수 있고, 마케팅 비용을 절감할 수 있으며 새로운 콘셉트의 비즈니스모델을 개발하기 쉽고, 해외로 손쉽게 나갈 수 있으니 절호의 찬스가 아니겠는가?

새로운 비즈니스모델은 신기술을 보유하고, 저렴한 가격으로 상품을 제공할 수 있다는 것만으로 만들어지는 일이 아니다. 여러 가지 경영 요소들을 새롭게 조합해 새로운 가치를 만들어 낼 수 있어야 한다.

비즈니스모델 만들기

비즈니스모델을 짤 때에는 다음 9가지 요소를 잘 조화시켜 고객에게 가치가 있고, 차별화된 방식으로 수익 창출에도 문제가 없도록 만들어야 한다.

VP Value Proposition **고객 가치**

CR Customer Relationship **고객 관계**

CS Customer Segment **고객 세분화**

CH Channel **채널**

RS Revenue Stream **매출**

KA Key Activity **핵심 활동**

KP Key Partner **핵심 파트너**

KR Key Resource **핵심 자원**

CS Cost Structure **비용 구조**

비즈니스모델의 9가지 요소

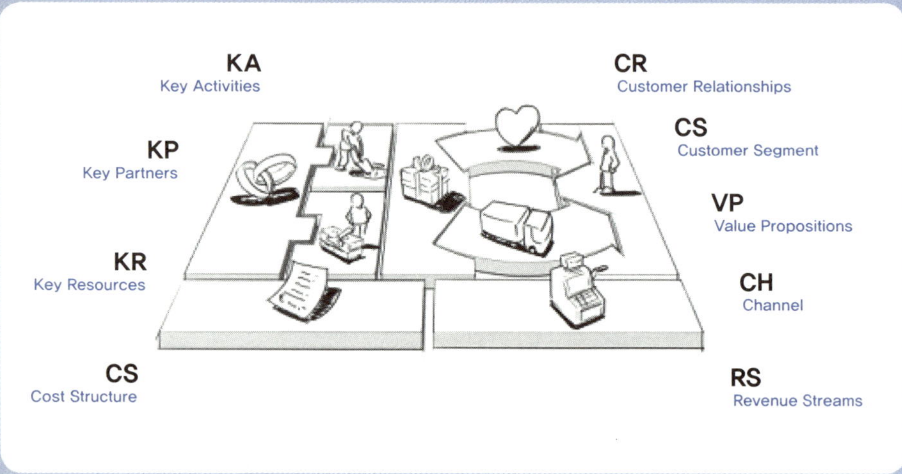

KA
Key Activities
CR
Customer Relationships
KP
Key Partners
CS
Customer Segment
VP
Value Propositions
KR
Key Resources
CH
Channel
CS
Cost Structure
RS
Revenue Streams

　새로운 비즈니스모델을 만들 때에는 백지에서 시작하는 것이 좋다. 기존의 비즈니스모델을 일부 수정하려다 보면 고정관념의 틀을 벗어나기 힘들기 때문이다. 생각을 완전히 비우고 지금 이 시대에, 누가 좋은 고객인가부터 다시 생각하는 것이다. 핵심고객이 정해지면 그들이 원하는 가치가 무엇인지 생각한다. 핵심고객이 원하는 고객가치가 정해지면 그것을 만들어 낼 수 있는 새로운 방법이 무엇인가 생각해 본다. 이때 새로운 기술, 새로운 채널을 이용하는 방법을 찾아본다.

　고객에게 가치를 제공하기 위해서 이용할 수 있는 자원, 그리고 파트너를 찾아본다. 비용을 낮추면서 매출을 올릴 수 있는 다양한 방법을 생각해 보자. 이 모든 요소들을 비즈니스모델 캔버스에 그려 놓고 서로의 연관성을 그려본다.

비즈니스모델 캔버스

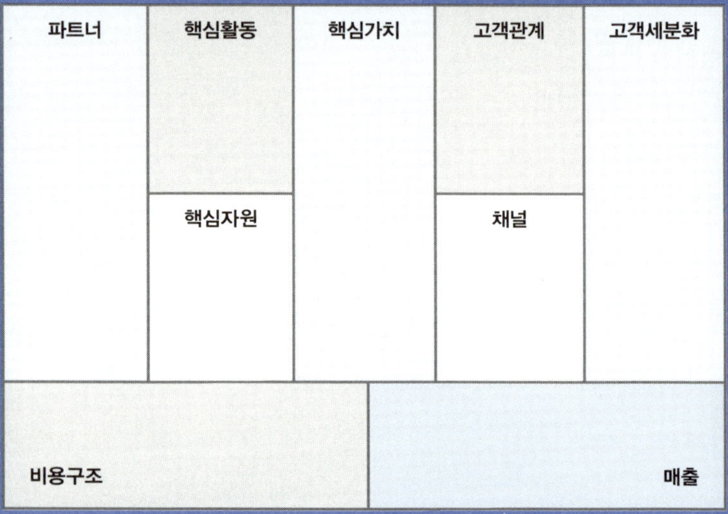

파트너	핵심활동	핵심가치	고객관계	고객세분화
	핵심자원		채널	
비용구조			매출	

콘셉트에 맞는 간판을 건다

비즈니스모델이 그려지면 새로운 모델에서 추구하는 업종의 개념이 무엇인가를 생각해 보는 것이 좋다. 사업의 핵심 개념을 한마디로 정리하는 것이 콘셉트 concept이다.

우리는 물건을 파는 회사인가, 아니면 고객에게 서비스를 제공하는 회사인가를 분명히 한다. 회사가 아니라도 이번에 만들고자 하는 'F숍'에서 제공하는 가치가 무엇인가를 정의해 본다. "우리는 '어떤' 서비스를 제공해 고객의 '어떤' 가치를 올려준다."는 등의 콘셉트를 수립해야 새로운 비즈니스모델이 의미가 있다.

서비스나 상품의 콘셉트가 정해지면 이제, 이를 대변할 수 있는 간판을 걸 차례이다. 페이스북의 페이지는 독립된 홈페이지처럼 도메인 Domein 네임을 설정할 수 있다. 도메인을 부여받으면 검색엔진에서 검색할 수 있고 고객이 이 도메인을 검색창에 쳐서 바로 나의 F숍에 접속할 수 있다.

페이지의 도메인 네임이 F숍의 간판이 되는데, 도메인 네임을 정할 때 여러 가지 요소를 복합적으로 고려해야 한다. 고객이 쉽게 기억하고 빨리 접근하게 만들려면 쉽고 간결한 도메인 네임을 정해야 하지만, 정작 더 중요한 것은 콘셉트를 대변할 수 있어야 한다는 점이다. 쉽고 짧게 정한다고 의미 없는 이름으로 간판을 만들어버리면 차별화가 이루어지지 않는다. 고객 입장에서도 무엇을 하는 숍인지 알 수 없게 되고 만다.

다소 이름이 길어도 괜찮다. 사업의 콘셉트에 맞는다면 그 이름으로 정하는 것이 좋다. 앞서 소개한 일본의 'Satisfaction Guaranteed'라는 긴 이름의 패션숍이 있지만, 이는 차별화된 콘셉트를 그대로 표기해서 간판으로 쓴 것이다. 페이스북의 페이지 도메인과 홈페이지 도메인, 회사 브랜드가 일치하면 더욱 좋다.

페이지를 개설하고, 독립적인 도메인 이름을 부여받기 위해서는 25명 이상이 '좋아요' 버튼을 누른 후에 도메인 설정 페이지에서 도메인 이름을 등록하면 된다.

페이스북 페이지의 도메인 이름은 '페이스북 닷컴' 뒤에 위치한다.

www.fb.com/starbucks

www.fb.com/satisfactionguaranteed

Step3. F숍 페이지 개설

페이스북 페이지 만들기

페이스북 내에서 커머스 활동의 출발점은 '페이지'이다. 프로필을 이용할 때는 페이지 화면이 나타나지는 않는다. 그러나 페이스북 계정이 있는 사람이라면 누구나 페이지를 만들 수 있다. 페이스북 초기 화면에서 '페이지 만들기' 글을 누르거나 'www.facebook.com/page' 링크를 통해 접속되는 페이지 만들기 화면에서 만들 수 있다.

페이지를 만들기 전에 먼저 '프로필'을 이용해 친구를 만들어 두면 그 친구들을 페이지로 불러와 시작부터 페이지가 풍성해질 수 있다. 사전에 다른 사람들이 만들어 놓은 페이지를 많이 찾아다니면서 여러 유형을 학습하는 것이 유리하다. 기존의 페이지를 보면서 비즈니스모델이 무엇인지, 어떻게 팬을 확보하는지, 어떤 내용들이 담벼락에 올라오는지 등을 학습해야 자신의 페이지를 더 잘 만들 수 있다.

페이지 만드는 화면에서 6가지 유형 중 하나를 선택한다.

- 지역, 비즈니스 또는 장소

- 회사, 기관, 연구소

- 상품 또는 제품명

- 예술가, 밴드, 공인

- 엔터테인먼트

- 비영리, 자선단체

각 유형의 화면을 클릭하면 정보를 입력하는 창이 뜬다.〈그림33〉

<그림33>

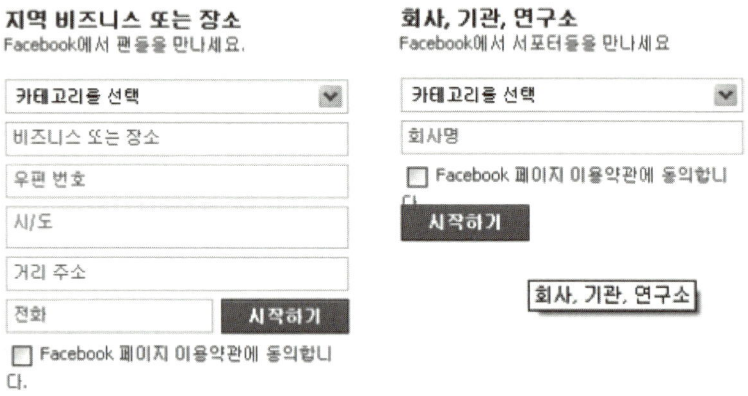
지역 비즈니스 또는 장소
Facebook에서 팬들을 만나세요.
카테고리를 선택
비즈니스 또는 장소
우편 번호
시/도
거리 주소
전화
시작하기
Facebook 페이지 이용약관에 동의합니다.
회사, 기관, 연구소
Facebook에서 서포터들을 만나세요
카테고리를 선택
회사명
Facebook 페이지 이용약관에 동의합니다.
시작하기
회사, 기관, 연구소

기능을 디자인한다

페이지의 형태는 프로필과 유사하다. 왼쪽에는 각종 기능을 설정할 수 있는 탭Tab이 표시돼 있고, 중앙에는 팬들과 소통할 수 있는 담벼락이 있다. 담벼락은 자신이나 팬들이 작성한 글, 사진, 동영상 등의 콘텐츠가 노출되는 공간이다. 페이스북의 모든 콘텐츠에는 '좋아요' 버튼이 항상 붙어 다닌다. 페이지 상단의 '좋아요' 버튼을 클릭하면 해당 페이지의 팬이 된다.

콘텐츠마다 붙어 다니는 '좋아요' 버튼을 클릭하면 친구들의 상태가 콘텐츠 관련자의 알림에 나타난다. 또 페이지의 담벼락에 메시지를 올리면 페이지 친구들의 뉴스피드에 소식이 공유된다. 페이지의 초기 설정 탭은 '담벼락' '정보' '노트' '동영상' '사진' '이벤트' '토론' '리뷰' '웰컴' 등이 있고, 각 탭의 역할은 다음과 같다.

- 담벼락 : 운영자나 팬이 게시물을 올리는 페이지. 홈페이지의 메인 페이지에 해당된다.

- 정보 : 회사 정보, 점포 정보를 나타낸다. 점포를 선택하면 영업시간도 게재할 수 있다.

- 토론 : 어떤 테마에 대해 링크로 연결하면서 의견을 교환할 수 있다.

- 이벤트 : 이벤트 공지 페이지를 만들거나 참가상황을 관리할 수 있다.

- 사진 : 사진첩 단위로 등록할 수 있다.

- 동영상 : 유튜브 등 공유 사이트를 통하지 않고 직접 동영상을 업로드할

수 있다.

- 노트 : 정리된 기사를 쓰는 페이지. 기존 블로그를 가져올 수도 있다.

- 링크 : 웹페이지를 공유한다.

- 리뷰 : 지역 비즈니스용 탭. 팬들이 댓글과 별 수로 평가한다.

탭은 어플리케이션을 쓰면 몇 개라도 늘릴 수 있지만 항상 표시되는 것은 6개까지이다.〈그림34〉

〈그림34〉

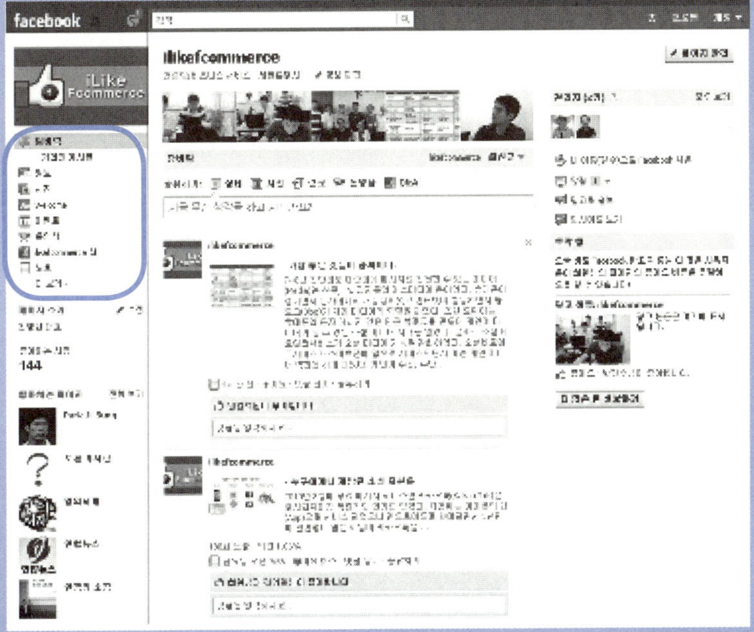

Step4. 상품 올리기

상품 올리기

F숍에서 상품을 판매하는 방법은 세 가지다.

첫째는 상품의 소개이다. 상품은 페이지에서 소개하고, 구매는 인터넷쇼핑몰에 가서 하는 방법이다. 이 경우 페이지 화면에서 쇼핑몰 화면으로 자동 연결되기 때문에 사용자 입장에서는 크게 이동했다는 느낌을 받지 않는다. 베스트바이가 이 방법을 쓴다.〈그림35〉

둘째는 인터넷쇼핑몰과 같은 방법으로 페이지 내에 쇼핑몰을 만드는 것이다. 이 경우에는 페이지의 기본 기능만으로는 불가능하고, 카탈로그와 결제 기능을 연결한 앱을 개발해야 한다. 익스프레스백화점이 이 방법을 쓴다.〈그림36〉

마지막 셋째는 페이팔이나 이니시스가 개발한 결제 앱에 개인 스토어 빌드 기능이 있으므로, 이것을 이용해 소규모 숍을 만드는 것이다. 한국의 소셜 칼리지가 이 방법을 쓴다. 이상의 세 가지 방법 중에 하나를 선택해 카테고리별로 상품 정보를 올린다.〈그림37〉

<그림35>

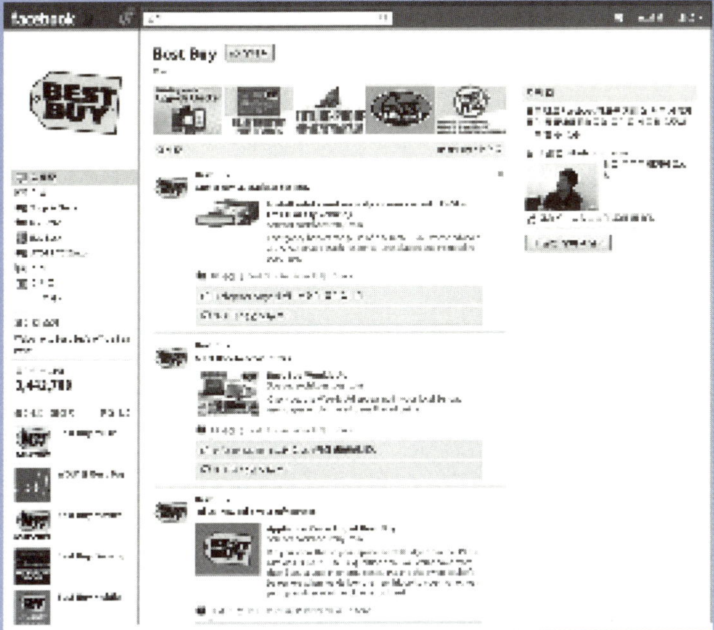

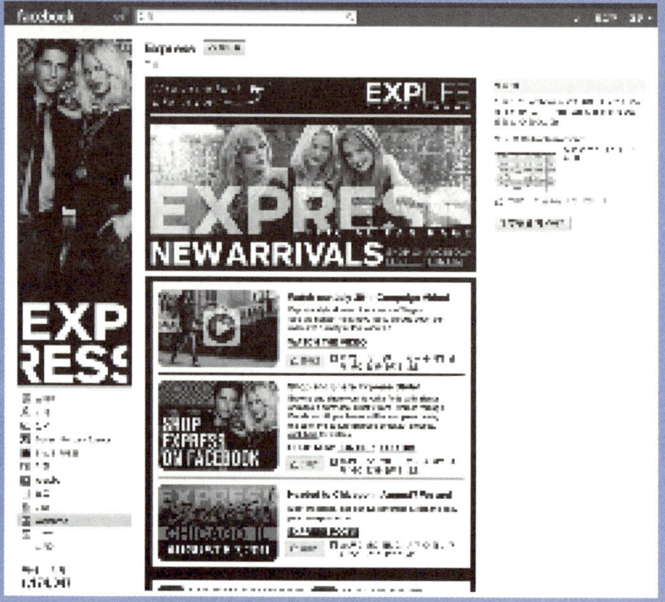

<그림37>

facebook
검색
Make Fshop ▸ F-쇼핑몰
컨설팅/비즈니스 서비스 · 서울특별시
이벤트
페이스북
소 셜
영 상
스마트
SOCIAL COLLEGE
세트
F샵 만들기
특강
facebook 페이스북 활용
facebook 페이스북 페이지
twitter 트위터활용
prezi 프레지 활용
ustream
making ucc
8권 세트
세트 8권 10%할인
43,000 원
신용카드 , 계좌이체 , 무통장입금
INIP2P
INIP2P를 이용한
안전결제 하기
go
make f shop
담벼락
정보
반갑습니다!
F샵 제작안내
F-쇼핑몰
자료실
비디오
트위터
더 보기▾
페이지 소개
F커머스 쇼핑몰 구축과 교육
좋아하는 사람
30
좋아하는 페이지
e-소셜스쿨 (e-

콘텐츠를 올려 흥미를 유발한다

담벼락에는 페이지 관리자나 팬들이 글, 사진, 동영상 등의 콘텐츠를 올릴 수 있다. 컴퓨터뿐만 아니라 스마트 폰이나 태블릿PC에서도 올릴 수 있다. 페이스북 사진첩에는 사진을 무제한으로 업로드할 수 있어, 글과 함께 올리면 정보가 훨씬 명료하고 쉽게 전달된다. 올린 사진에 태그를 걸어, 친구의 담벼락에도 노출시킬 수 있다.

공유하기 중 동영상을 이용하면, 스마트폰으로 찍은 간단한 동영상을 담벼락에 바로 올릴 수 있는데 팬들과 같이 볼 수 있을 뿐 아니라 친구들의 뉴스피드에도 노출시킬 수 있다. 동영상은 페이스북 자체의 동영상 기능을 이용해 올릴 수 있지만, 유튜브에 올려놓고 링크를 걸어서 보여줄 수도 있다. 페이지 담벼락의 링크 기능을 이용하면 홈페이지나 블로그 등으로 연결돼 보다 다양한 정보 제공이나 쇼핑 기능을 제공할 수 있다.

스마트 폰에서 다양한 어플리케이션을 다운받아서 쓸 수 있듯이, 페이스북에서도 다양한 어플리케이션을 다운받아 쓸 수 있다. 페이지에 방송용 앱을 다운받으면 페이지 내에서 생방송을 할 수 있다. 페이스북에서 다운받아 방송할 수 있는 앱으로는 유스트림Ustream, 올레온에어Ollehonair 그리고 아프리카Africa 등이 있다. 이러한 방송용 앱은 생방송을 지원할 뿐 아니라, 방송 내용이 서버에 저장돼 다시 보는 것도 가능하다. 유튜브 동영상을 페이스북 페이지에 연결하거나〈그림38〉 유스트림을 페이스북 페이지와 연동한 모습이다.〈그림39〉

〈그림38〉

〈그림39〉

Step5. 결제기능 심기

결제모듈을 심으면 커머스가 가능하다

레고 블록처럼 몇 가지 기능을 조합하면 전혀 새로운 모습으로 변화하는 페이지는 원래 팬 관리를 위해 만들어졌다. 그러나 미국의 페이팔에서 결제 기능을 앱으로 만들어 제공하면서부터 쇼핑몰이나 상거래용으로 널리 쓰이기 시작한 것이다.

한동안 국내에 페이팔과 같은 결제 앱이 없어서 페이지를 상거래용으로 쓸 수 없었지만 최근에 이니시스에서 결제용 앱인 'INIP2P'를 개발해 앱으로 제공함으로써 국내에서도 페이지를 통한 상거래가 가능해졌다.

'INIP2P f-commerce'는 페이브먼트 pavement와 기능이 비슷하면서 원화 결제가 가능하다는 장점이 있다. INIP2P에서는 카드결제, 온라인 송금, 계좌이체가 모두 가능하다. 개인이 스토어를 만들 수 있는 토대를 제공하고, 상품 공유, 판매, 구매가 모두 가능하다.

디바이스 역시 PC뿐 아니라 스마트폰, 태블릿PC를 지원하고 있다. 결제 앱을 페이지에 설치하기 위해서는 페이스북 검색창에 'INIP2P'를 검색해 해당 페이지로 이동하고, 'Click to install'을 클릭하면 페이지로 이동한다. 그리고 다시 'INIP2P f-commerce' 페이지에서 '활용방법' '탭 추가하기'를 클릭하면 기존에 있던 페이지에 결제 앱을 탭으로 설치할 수 있다.〈그림40〉

INIP2P
쇼핑몰에서만 쇼핑을???
블로그, 카페에서도 쇼핑을!!!
검색
개 인   사업자
클릭!
85iceice   스와로브스키 골든 하트 귀걸이 목걸이 세트
SWAROVSKI Golden heart shadow set 입니다 !
22-JUL   From 이니P2P
거래완료
hm4everlove   겁도호구
겁도 요로롤롤
22-JUL   From 이니P2P
850,000 원
jennystore   jennystore   버버리 나일론 쇼퍼백
이니P2P 사이트 상품등록시 수수료가 4.4% 네어~
24만원 상품금액 설정하면 수수료가 10,560원이고 제가 229,440원 입금받...
22-JUL   From 이니P2P
240,000 원

행정 절차를 거친다

결제모듈을 페이지에 설치하는 것은 쉽지만, 결제가 실제로 일어나려면 각종 금융기관과 연결돼야 한다. 실제로 돈이 오고 가는 일이기 때문이다.

결제모듈을 이용하기 위해서는 이니시스에 거래업체 등록을 해야하는데 여기에는 몇 가지 조건이 있다. 사업자등록과 통신판매업자를 등록해 두어야 한다는 것이다. 모든 거래가 은행을 통해 이루어지기 때문에 거래 은행의 통장 사본 등을 갖추어서 이니시스에 제시하면 심의를 거쳐 거래업체로 등록하는데, 이런 과정을 거친 후에야 결제모듈을 이용할 수 있다. 결제모듈 생성 절차는 생각 이하로 쉬우니 겁부터 먹을 필요는 없다.

거래업체로 등록되면 인터넷쇼핑몰처럼 페이스북의 F숍도 같은
절차에 따라 대금 정산이 이루어진다. 실제 거래는 상품이 등록되
고 판매되면서 돈이 이니시스로 입금되는데 이것이 바로 정산으로
이어지는 것이 아니라, 상품의 배송이 확인돼야 대금이 정산돼 판매
자의 계좌로 들어온다.

이니P2P 서비스 소개

이니 P2P 결제 프로세스
판매자
구매자
이니시스
INIP2P
이니P2P 가입
(WEB or Mobile)
상품등록
상품 노출
배송
구매확인
상품등록
상품명
상세 투럭
가격과 수량
지불수단 선택
NAVER 카페
Daum 카페
판매사 배송 등록
구매자 물품 확인 후
구매확인 처리
판매대금 정산
< 5 >

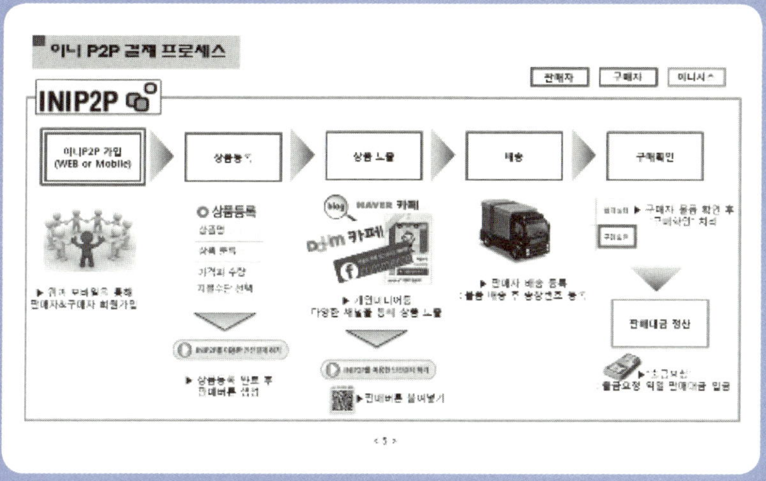

Step6. F숍 마케팅

F숍 알리기

F숍을 개설하고 팬을 모으고 판촉을 하는 데에는 돈이 들지 않는 것이 원칙이다. 물론 비용을 들여 보다 편리한 방식을 취할 수는 있다.

먼저 돈이 들지 않는 방법이다. 페이지 메뉴 중에 '친구들에게 추천'이라는 버튼이 있다. 이를 클릭하면 친구들의 프로필 사진 목록이 나온다. 메일을 보낼 사람을 선택해 페이지 개설을 알리는 메일을 보낸다. 개인 프로필에 링크를 거는 방법도 있다. 프로필의 공지란에 '제가 이런 페이지를 운영하고 있습니다.'라는 설명과 함께 링크를 붙이는 것이다.

하지만 페이스북 외부에서 고객을 끌어올 때는 소셜 플러그인 Social plug-in이 가장 효과적인 방법이다. 자신의 블로그나 홈페이지에 플러그인해 페이지 접속을 유도하는 것이다. 소셜 플러그인에는 배너 방식과 위젯 방식이 있다. 페이지를 소개하는 배너에는 '페이스북 로고' '좋아요' '페이지 배너' 세 가지가 있다. 목표 고객이 동일한 페이지 운영자끼리 즐겨 찾는 페이지로 상호 링크하는 것도 효과적이라고 알려져 있다.

팬 확보에 가장 효과적인 방법은 무엇보다 매력적인 콘텐츠를 제공하고 적극적으로 대화하는 것이다. 콘텐츠가 재미없으면 반응이 미미하고, 반응이 미미하면 뉴스피드에 표시되지 않아 접속이 줄어 드는 악순환이 이어진다.

돈이 드는 방법은 페이스북에 광고를 내는 것이다. 프로필이든 페 이지든 화면의 오른쪽에는 '스폰서'라는 광고가 뜬다. 본격적으로 비즈니스를 확대할 생각이라면 '페이스북 광고'가 반드시 필요하다. 페이스북 광고는 이미 말했듯이 '표적광고'이다. 광고는 프로필 페이 지나 페이지 오른쪽에 이미지와 함께 표시된다. 광고는 '타이틀' '이 미지' '설명' '좋아요' 버튼으로 구성된다.

앞에서 말했다시피 표적광고란 포털사이트의 광고처럼 누구에게 나 똑같은 내용이 표시되는 것이 아니라 광고주가 지정한 속성에 따라 개별적으로 표시되는 광고를 말한다. 그러므로 40대 후반 여 성의 페이지에 뜬 광고와 20대 초반 남성의 페이지에 뜬 광고는 전 혀 다를 가능성이 크다.

❶ 홈페이지, 캠페인 전용사이트, 블로그 등을 링크해서 홍보하는 광고

❷ 페이지나 이벤트 등의 '페이스북 콘텐츠'를 홍보하는 광고

〈그림41〉

팬과 대화한다

페이스북이라는 생태계는 기존의 미디어들과는 다른 가치관을 가지고 있다. 기본적으로 친구와 사소한 이야기들을 나누고 싶어하는 이들이 모여 있다. 일방적인 정보 발신이나 과도한 광고성 메일이 과연 좋은 효과를 낼 수 있을까? 효과가 떨어질 것이라는 게 상식적이다.

기존의 마케팅 방식으로 성공한 경험이 있는 사람일수록 같은 방식을 쓰려는 경향이 높다. 같은 업종의 코카콜라와 펩시콜라의 페이지 이용 실태를 살펴보자.

이 둘은 다른 방식으로 페이지를 활용한다. 코카콜라는 재미있는 동영상과 코믹한 이야기를 꾸면서 팬들에게 재미를 선사한다. 본디 코카콜라의 페이지는 팬들이 만들어서 운영했다. 이 페이지를 코카콜라가 인수하려 했으나 그냥 팬들이 운영하도록 내버려 두고, 코카콜라는 지원만 하기로 한 것이다. 팬클럽에서 서로 재미있는 이야기를 담벼락에 올리면, 다른 팬들이나 팬들의 친구들이 보고 '좋아요'를 누르는데, 코카콜라 페이지는 결국 이런 방법으로 3500만 명의 팬을 확보할 수 있었다.

코카콜라의 페이지가 인기를 끌자 펩시콜라도 뒤늦게 페이지를 만들어 회사에서 운영하는데, 올라오는 콘텐츠에 제품 이야기가 많아서인지 인기가 떨어져서 팬 수는 500명 정도이다.〈그림42〉

<〈그림42〉>

Step7. 실적 분석

매출을 관리한다

낚시 가서 가장 답답한 순간은 모든 준비를 다 해서 낚싯대를 드리웠는데 입질이 전혀 오지 않는 때이다. 입질이 온다는 것은 근처에 물고기가 있다는 신호이다. 비즈니스를 할 때도 매출이 일어나는 것이 중요하지만, 입질이 있는지 살펴보는 것이 먼저이다.

매출이 발생기기 전에 들어오는 문의가 곧 신호이다. 홈페이지를 개설하고 매출이 있기만을 기다리는 것이 아니라, 페이지에서 팬 숫자가 표시되는 것을 주의 깊게 지켜볼 필요가 있다. 팬이란 '좋아요'를 클릭한 사람인데, 이 숫자는 실시간으로 업데이트되고 누가 눌렀는지도 금세 알 수 있다. '좋아요'를 누른 사람들의 면면을 보면 우리가 원했던 사람인지 아닌지를 알 수 있다.

그리고 이내 팬들이 담벼락에 글을 올리면, 글의 내용으로 우리에게 어떤 반응을 보이는지 알아차릴 수 있다. 모든 메시지에 실시간으로 '좋아요' 버튼을 클릭하고 댓글이 달리는 것을 보면 지금 입질이 오고 있는지 아닌지를 확실히 알게 되는 것이다.

팬의 숫자, 담벼락에 올라오는 글의 숫자, 그리고 댓글의 숫자들을 통해 판매자는 매출이 오를 것인지 아닌지 예측해 볼 수 있다.

고객 테이터 분석

페이지에는 '인사이트^{insight}'라는 분석 도구가 있다.〈그림43〉 팬 수의 추이, 속성 분석, 활동지수, 게시물 수, '좋아요'와 댓글 수 등 페이지 관리지표가 상세히 제공된다. 데이터는 하루에 한 번 집계되고, 하루가 지난 후 24시간 이내에 다시 표시된다. 페이지의 오른쪽 관리자 메뉴에서 '인사이트 보기'를 클릭하면 페이지의 각종 통계를 볼 수 있다. 전부를 매일 체크할 필요는 없지만, 콘텐츠에 대한 반응인 '좋아요'와 '댓글'의 숫자는 매일 보면 도움이 되는 정보이다. 이는 페이지가 얼마나 인기 있는가와 얼마나 팬의 요구에 맞는 콘텐츠가 제공되고 있느냐를 알려주기 때문이다.

게시물의 숫자가 많은데 '좋아요'와 '댓글'의 숫자가 적다면 주의가 필요하다. 이는 콘텐츠가 팬의 기대에 못 미치거나 소통이 잘 안 되고 있다는 것을 뜻한다.

<그림43>

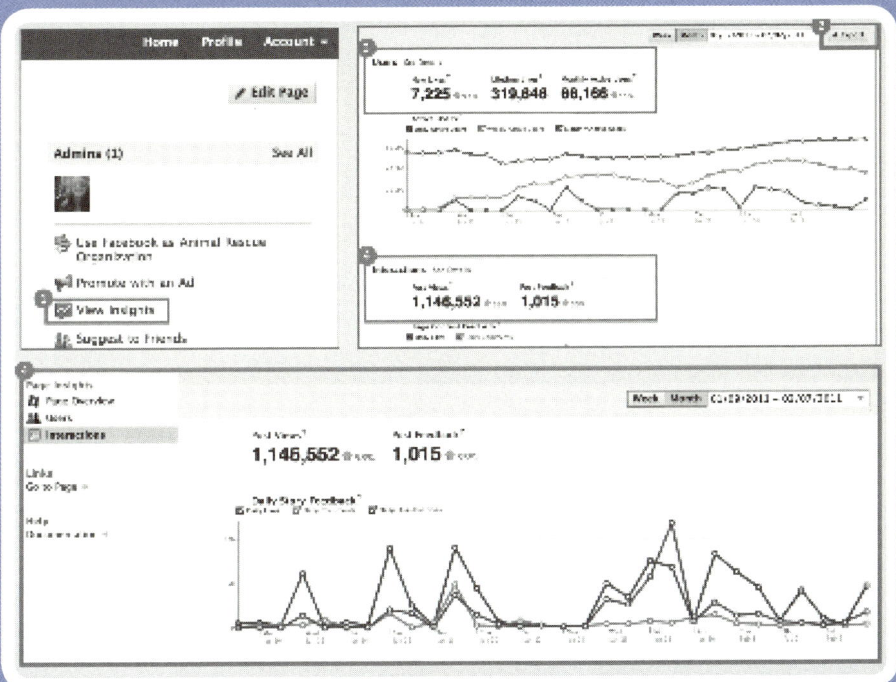

part6 저커버그가 생각하는 것처럼 생각하라

필자는 30년 전에 경영학자인 톰 피터스Thomas Peters가 쓴 『초우량 기업의 탐구In Search of excellence』를 보면서 경영에 눈을 떴다. 그 후 비디오로 그가 열정적으로 강의하는 모습을 보고는 깊은 감명을 받았다. "언젠가는 톰 피터스처럼 책도 쓰고 강의를 해야지"라고 다짐했고 얼마가지 않아서 잘 다니던 삼성전자를 그만두었다. 산업 강사의 길로 들어선 것이다.

출발은 순풍에 돛 단 듯 순조로웠다. 삼성전자, LG전자, 현대자동차와 같은 대기업에서 강의를 하고 컨설팅도 했다. 필자는 항상 톰 피터스라는 롤 모델을 생각하고 있었기 때문에 강의한 내용을 정리해 경영도서를 저술했다. 강의 내용이 책이라는 콘텐츠로 밑받침이 돼야 한다고 생각했기 때문에 많이 팔리든 적게 팔리든 개의치 않고 책을 썼다.

마케팅실무책인 『총각네 야채가게』 『스타벅스 감성마케팅』이 베스트셀러가 되면서 강의 의뢰가 쇄도했다. 처음에는 강의한 내용을 책으로 썼지만 베스트셀러가 만들어진 이후로는 책의 내용을 강의해 달라는 요청이 들어왔다. 그래서 더욱 열심히 책을 썼고 『스티브 잡스 창조카리스마』 『펭귄을 날게 하라』 등이 역시 베스트셀러의 반열에 오르기도 했다. 베스트셀러를 만들어내서 좋기는 했지만 톰 피터스처럼 경영학의 마일 스톨이 될 만한, 체계적인 책을 쓰고 싶었다.

3~4년 전부터는 『위키 매니지먼트』 『비즈니스 트리즈』 『고객경험관리』 『한국우량기업의 탐구』 등을 펴냈다. 그러나 이 책들은 대부분 성공하지 못했다. 그래서 최근에는 『스마트 비즈니스전략』 『앱마케팅』 『비즈니스모델 전쟁』 등의 트렌디한 책을 쓰고 있다.

책의 전통적인 마케팅 방법은 신문에 광고를 내거나 오프라인서점, 온라인서점에서 광고와 이벤트를 진행하는 것이다. 이 마케팅은 다른 마땅한 마케팅 툴이 개발되지 않은데다가 과거 20여 년 동안 효과를 보고 있어 쭈욱 사용되고 있다.

그런데 2~3년 전부터 이런 책 광고의 효과가 떨어지고 있다. 특히 비교적 젊은 층을 상대하는 책은 신문광고의 효과가 미미하다. 젊은 층은 유료신문을 잘 보지 않기 때문에 신문에 광고를 해봐야 효과가 없다는 것이다.

필자는 2010년 하반기부터 2011년 초까지 3권의 책을 썼다 이 책이 출간되면서 출판사에서 경제신문에 광고를 했다. 효과는 좋지 않았다. 책 내용이 좋지 않은가 아니면 신문광고가 효과가 없어서인가를 생각해 보았다.

신작들이 좋은 반응을 얻지 못한다는 것은 아마 이 두 가지 이유가 모두 작용한 탓일 것이다. 책의 콘셉트와 타깃이 일치하지 않고 책 내용도 차별화되지 않았다. 또 핵심고객들이 보지 않는 신문광고에만 의존하는 마케팅 방법에도 문제가 있다는 것을 느꼈다.

비즈니스모델의 모험

작은 기업이 비즈니스모델을 바꾼다는 것은 목숨을 건 투쟁이다. 새로운 비즈니스모델이 성공한다는 보장이 없기 때문이다. 새로운 비즈니스모델은 몬스터와도 같아서 이것을 길들이려고 하다가는 잡아먹힐 수도 있다.

강의실에 직원들을 모아서 교육하는 기업 교육이 인터넷을 이용한 e러닝의 등장으로 위기를 맞았다. 책을 주고 학습을 지도하는 기존의 독서통신교육도 스마트폰을 이용한 스마트러닝이 등장하면서 변화될 수밖에 없었다.

필자는 스마트 독서학습Smart Book Learning이라는 새로운 비즈니스모델을 생각해 보았다. 기업에는 분명 독서통신교육에 대한 니즈가 있고 이미 형성된 시장도 있다. 이런 환경에서 스마트러닝을 추가한다면 기업도 만족하고 스마트러닝 회사로서도 기회가 있다는 생각이 든 것이다. 책을 이용하는 것은 기존의 독서통신교육과 같지만 스마트폰으로 동영상 학습을 하고 학습관리LMS, Learning Management System를 하는 방식이었다.

기존의 독서통신교육에서 일부의 기능을 개선하는 것이 아니라 스마트폰이 주체가 되고 독서교육을 결합시키는 혁신적인 방식을 만드는 것이다. 이 새로운 시스템을 만드는 데 우리가 가진 장점은

많았다. 60권이 넘는 필자의 경영도서, 이 중에서 베스트셀러들을
추려 콘텐츠로 쓸 수 있었다.

또 필자는 지난 25년 동안 기업교육을 해오고 있으니 강의 능력
을 갖추고 있다. 책으로 강의하는 모습을 강의 동영상으로 만들 수
있는 것이다. 마지막으로 2010년부터 앱 개발자를 양성해 왔고 몇
건의 앱과 웹을 개발한 경험이 있는데다가 영상제작팀도 있어 자체
적으로 동영상 콘텐츠를 만들 수도 있다.

스마트 독서 학습시스템을 자체 개발할 수 있다는 생각이 들자
어떤 콘셉트로 이 시스템을 개발할 것인가 고민을 시작했다. 북러
닝Book Learning이라는 평범한 내용보다는 기업 고객에게도 의미 있고
차별화된 콘셉트를 생각했다. 경영대학원의 교수 경력을 살려 '북
MBA'라는 콘셉트가 좋을 것 같았다.

〈그림44〉

후에 완성된 북MBA 그룹의 모습이다.〈그림44〉 처음에는 서로 아는 사람들만 모여 생각을 나누던 것이, 각자 친구들을 초대하기 시작하면서 걷잡을 수 없이 커졌다. 새 책을 발표할 때마다 북MBA 그룹 회원들과 많은 이야기를 나누었다.

마케팅을 위해 소셜을 시작하다

비즈니스 실무를 하는 사람들에게 접근하려면 새로운 인맥을 만들어야 했다. 그들과는 소셜네트워크로 연결될 수밖에 없었다. 필자는 페이스북에서 새로운 친구를 찾기로 했다. 그러나 아직 소셜 마인드가 돼 있지 않았던 탓인지 소셜에서 친구 맺기가 쉽지 않았다.

소셜지능을 높이는 길이 페이스북에서 친구 1천 명을 만드는 것부터라고 판단했다. 다만 아직 페이스북을 잘 몰랐기 때문에 책을 사서 공부했다. 책을 보면 개념은 이해할 수 있었지만 막상 웹에 들어가서 무엇을 어떻게 조작해야 할지는 막막하기만 했다.

교육을 받아야겠다고 결정하고 페이스북 전문가이자 책의 저자인 구창환 원장의 교육을 신청했다. 야간에 3시간씩 진행되는 2주짜리 교육을 들으면서 친구 맺기 요령을 터득했고 '프로필' '그룹' '페이지' 만들기를 실습해 보았다.

책을 보고 교육을 받으면서 친구 맺기를 시도했다. 친구 1천 명을 만드는 것이 목표였지만 아무나 친구로 만들 수는 없었다. 비즈니스맨, 학자, 전문가를 찾아다녔다. 하루에 10명에서 20명 정도씩 친구 신청을 했고, 대부분의 사람들이 친구로 수락해 주었다. 이런 친구들이 200여 명에서 시작해 300, 400, 500명이 되면서 점점 재미가 생겼다. 틈나는 대로 이 그룹 저 그룹을 찾아다니면서 친분을 쌓고 싶은 사람을 찾았다.

아침에 일어나면 친구가 몇 명으로 늘어났을까 궁금해서 제일 먼저 페이스북에 접속했고, 밤에 자기 전에도 오늘은 몇 명인가를 확인하고 잠자리에 들었다. 페이스북 친구들이 글을 어떻게 쓰는지 보고 배워서 글도 올려 보았다. 처음에는 딱딱한 사무적인 투의 글로별 반응을 얻지 못했다. 점차 스토리 형태로 글을 올리고 가끔 동영상도 함께 올리자 댓글은 점점 길어졌다.

친구가 500명을 넘어서면서부터는 친구들의 관심을 끌기 시작했다. 친구들을 이해하고 대화를 하게 됐다. 소셜지능이 조금씩 회복되고 있다는 느낌을 받기 시작했다. 800, 900을 넘어서면서부터는 1000명이 기다려졌고 드디어 1000명을 넘게 되자 자랑을 하고 싶어서 "1천 명을 넘었다"는 글을 올렸다. 친구들이 천사[1004]가 된 축하의 글을 올려주었다.

개인적이든 공적이든, 어떤 일이 생길 때마다 필자는 페이스북에 사진과 동영상을 올렸다. 올리자마자 반응이 왔고 또 거기에 화답하면서 새로운 즐거움이 생겨났다. 처음에는 어렵게만 느껴졌던 페이스북이지만, 요즘은 어떤 식으로 글을 올려야 할지 생각하지 않아도 자연스럽게 콘텐츠를 만들 수 있게 됐다.

기술도 부족하고 자금도 쪼들리는 상황에서 독서학습 사이트인 북MBA를 개발했다. 이 사이트만 가지면 스마트폰을 활용한 독서학습 시장에 진입할 수 있을 거라고 생각한 것이다. 사이트의 디자인이 나오면서부터 이 사람 저 사람에게 의견을 물었다. 만나는 사람마다 새로운 시도라면서 신기해했다. 그러다가 구매 가능성을 물으면 즉답을 피하고 개발이 완료되면 데모를 보자고 했다.

개발자에게 서둘러서 데모버전을 만들어 달라고 해서 아이패드에 집어넣어 데모를 보여 주었다. 재미있다는 반응을 보였지만 자신의 소관이 아니라며, 교육 담당을 만나보라고 했다. 교육담당자를 만나자 독서 학습은 이미 연초에 공급 업체가 선정돼 지금은 추가가 곤란하니 추후에 검토해 보겠다고 했다.

시간은 지나는데 구매하겠다는 고객이 나타나질 않았다. 처음에는 자신이 있었는데 고객들 반응이 미온적이자 점점 초조해지기 시작했다. '정말 독서학습에 대한 니즈가 없는 것인가? 아니면 비즈니스모델이 잘못된 것인가? 상품의 경쟁력이 없는 것인가? 마케팅이 잘못된 것인가?' 하는 고민들이 꼬리에 꼬리를 물었다.

시간이 지나서 홍보가 되면 나아지겠지 하면서 열심히 페이스북에 '북MBA' 그룹을 만들어 그룹 멤버를 늘리고 그들과 소통을 해

봤다. 이런저런 노력을 했지만 북MBA에 여명은 찾아오지 않았다.

고민의 시간을 보내고 있을 때 매일경제신문에서 케빈 켈리의 인터뷰 기사를 읽게 됐다. 그는 미국의 IT잡지인 '와이어드'의 설립자로 세계 IT의 흐름을 꿰뚫어보는 IT전문가이다. 그는 인터뷰에서 이렇게 밝혔다.

"지금은 아마도 역사상, 소비자에게 가장 좋은 시점일 것이다. 그러나 기업에게는 그렇지 않다. 콘텐츠가 손쉽게 복사돼서 여기저기 뿌려지는 상황에서 기업들이 무엇을 할 수 있을까? 기막힌 아이디어를 가지고 뭔가를 만들었다고 해도 순식간에 복사돼 복사본이 공짜로 인터넷에 돌아다닌다. 제조업도 마찬가지여서 혁신적인 제품을 내 놓으면 어느새 더 싼 값의 물건들이 돌아다닌다."

마치 필자 이야기를 하는 것 같았다. 그가 지적한 것처럼 '공짜경제 시대에 우리는 무엇을 할 수 있단 말인가?'라는 질문을 스스로에게 던져보았다.

공짜로 주고도 이익이 날 수 있는 새로운 방식을 찾아야 한다는 결론에 도달했다. 켈리는 이렇게 말했다. "복사가 쉽지 않은 새로운 경쟁무기가 필요하다. 예를 들면 '시간'이다."

공짜경제 시대에는 시간을 활용한 창조물을 팔아야 하는 것이다. 콘텐츠 자체에 돈을 들이는 것이 아니라 신속성에 돈을 지불하는 고객을 대상으로 시간이라는 개념을 유료화한다. 복사본이 곧 나오겠지만 지금 당장 원하는 것을 돈 주고 사는 사람을 대상으로 비즈니스를 하는 것이다.

나는 켈리의 의견에 공감했다. '그래! 과거의 콘텐츠를 책값보다 더 비싼 가격으로 팔려고 했던 것이 문제였다.' 책방에서 살 수 있는 책이 동영상으로 있다고 해서 더 비싼 가격을 지불하고 싶지는 않을 것이다. 그것도 몇 년 전에 출간한 책을 다시 본다는 것은 그다지 매력적인 제안은 아니었다.

필자는 곧 새로운 콘텐츠를 무료로 제공하고 일부 얼리어댑터Early Adaptor가 비용을 지불하는 비즈니스로 전환해야겠다고 생각을 고쳐 먹었다.

무료 비즈니스모델로 바꾸다

필자는 2011년 초부터 시작된 비즈니스모델의 변화 과정에서 많은 것을 배웠다. 새로운 기술을 활용한 신제품만 개발한다고 다 성공하는 것은 아니다. 고객의 니즈에 얼마나 부합하느냐가 더 중요하다는 것을 깨달았다. 마케팅 과정에서도 전통적인 방법의 한계를 체감했고 소셜네트워크를 이용한다고 해도 바이럴 효과를 얻을 수 없다면 소셜도 무용지물이라는 것을 알았다.

다행히 바이럴 지수 Viral Index를 높일 수 있는 새로운 방식으로 콘텐츠를 짜고 마케팅 방법을 수정했다. 이미 출간된 책을 판매하는 것이 아니라 이 시대에 새롭게 필요한 지식인데, 아직 책으로 나와 있지 않거나, 책으로 나와 있다 하더라도 스킬에 대한 설명이 명료하지 않은 그런 분야를 찾아, 스킬을 강화한 매뉴얼 북을 새롭게 만들기로 계획했다. 소셜 칼리지 Social College가 탄생하는 순간이다. 소셜과 스마트에 대한 스킬을 생방송 강의로 들으면서 필요하면 가이드북을 보고 실습할 수 있는 새로운 학습 방법이다.

고객들은 새로운 기술을 습득하기 위해 책을 보고 교육을 받는다. 소셜 칼리지에서 교육을 받으면서 바로 책을 볼 수 있게 한다면 차별화가 된다는 생각이 들었다. 아이폰 방송에는 비용이 거의 들지 않기 때문에 누구나 무료로 볼 수 있게 해 고객의 유입을 늘리고 이 중에서 가이드북을 보면서 실습하려는 사람에게만 책을 판매하는 방식이다. 강사가 생방송으로 강의를 한다. 고객들은 실시간으로 질문을 할 수 있고 강사는 즉시 답변을 한다. 스킬 교육에서는 실습과 질의응답이 매우 중요하기에 이런 방송은 학습효과를 높일 수 있다.

교육과정은 소셜과 스마트를 실무에서 쓸 수 있도록 스킬 위주로 편성했다. 단순히 개념만 설명하는 것이 아니라 페이스북, 트위터 이용법, UCC만들기, 소셜 방송 등 소셜 스킬을 기를 수 있는 실제적인 커리큘럼을 만들었다. 이 모든 것을 방송을 보면서 실시간으로 실습할 수 있도록 했다. 여기까지 대부분의 비즈니스모델이 수립되자, 우리는 웹 기반의 북MBA의 모델을, 페이스북 기반의 소셜 러닝 시스템으로 바꾸는 페이스오프 Face off 작업에 매달렸다.

소셜 칼리지의 메커니즘

QnA
Facebook.com/socialcollege
수강
저자
강의
SocialCollege.kr
가이드북

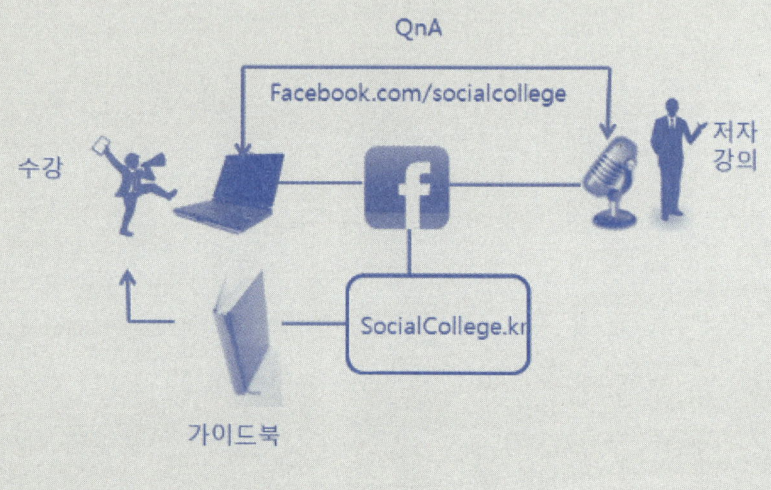

필자가 고안한 '소셜 칼리지' 비즈니스모델은 개인을 상대로 하는 B2C^{Business to consumer}와 기업을 상대로 하는 B2B^{Business to Business}를 모두 수용해야 한다고 생각했다. 당초 북MBA의 웹을 개발할 때는 결제모듈을 반영하지 않았기 때문에 B2C를 수용하려면 결제모듈을 새로 개발할 필요가 있었다.

웹을 다시 수정하려면 추가로 시간과 비용이 투자돼야 한다. 그래서 대안으로 생각한 것이 페이스북의 페이지를 이용하는 것이었다. 미국에서는 페이스북 페이지를 쇼핑몰처럼 이용하는 사례가 많았다. 페이팔의 결제모듈을 이용하면 페이지에서 상거래가 이루어진다. 그러나 국내에는 아직 페이스북 페이지에서 상거래를 한 사례가 없었다.

페이스북 광고를 살펴보니 페이지에서 결제를 할 수 있다고 해 그 회사를 찾아가 자문을 구했다. 임시방편으로 결제기능을 집어넣을 수는 있지만 아직 불안한 상태이니 쇼핑몰을 만들어서 결제용으로만 쓰는 것이 좋다고 했다. 다시 전문가들을 찾아다니며 결제가 가능한 방법을 물었다. 한 전문가로부터 이니시스의 결제모듈을 이용할 수 있다는 것을 알게 됐고, 우리는 플러그인 방식으로 결제모듈을 장착했다.

소셜 칼리지는 페이스북을 기반으로 고객을 모으고, 콘텐츠를 제공하고, 교육 방송을 하는 F-커머스의 모습을 갖추게 된 것이다.

소셜 칼리지는 누구나 무료 교육방송을 보면서 소셜과 스마트를 학습할 수 있는 공간이다. 우리는 가이드북을 필요로 하는 고객에게 저렴한 가격으로 가이드북을 판매할 수 있다. 소셜 칼리지의 승패는 소셜로 방송하는 것도 아니고, 가이드북을 싸게 공급하는 것도 아닌 유용한 콘텐츠 즉 커리큘럼에 있다. 소셜 칼리지의 커리큘럼은 꼭 필요한 과목이지만 대학이나 학원에서도 배울 수 없는 것으로 구성돼야 경쟁력을 갖출 수 있다. 소셜, 스마트, 스토리가 들어가면서 쉽게 배울 수 있고 비용 부담이 적어야 한다는 목표를 가지고, 비즈니스모델을 여러 번 수정했다.

필자는 비즈니스모델을 고민하면서 늘 페이스북은 대학에서 가르쳐야 한다는 생각을 지우지 않고 있었다. 소셜네트워크의 교과서이고 이미 전 세계에서 7억 명이 넘는 사람들이 사용하고 있으며 회사 가치가 100조원에 육박하고 있는 검증된 비즈니스가 페이스북이 아닌가! e비즈니스가 성장하자 경영대학원에서 'SAP'이나 '오라클'을 가르치고 스마트 비즈니스가 뜨니까 대학에서 '아이폰'이나 '안드로이드'를 가르치고 있지 않은가?

언젠가 모 종합대학의 전산원 원장과 '왜 대학에서 페이스북을 가르치지 않는가'라는 주제를 가지고 토론을 한 적이 있다. 그는 대학에서 페이스북을 가르칠 수 없는 이유에 대해 논리적으로 설명했다. 그때 필자가 '그렇다면 내가 페이스북 학과를 만들어 보자'고 작심했던 게 현실에서 이루어진 셈이었다.

소셜 칼리지에서 '페이스북 활용법' '페이스북 페이지' '페이스북 마케팅' '페이스북 앱'의 4개 과목을 강의하기로 했다. 이렇게 해서 비공인이지만, 국내에서 처음으로 '페이스북 학과'가 만들어졌다.

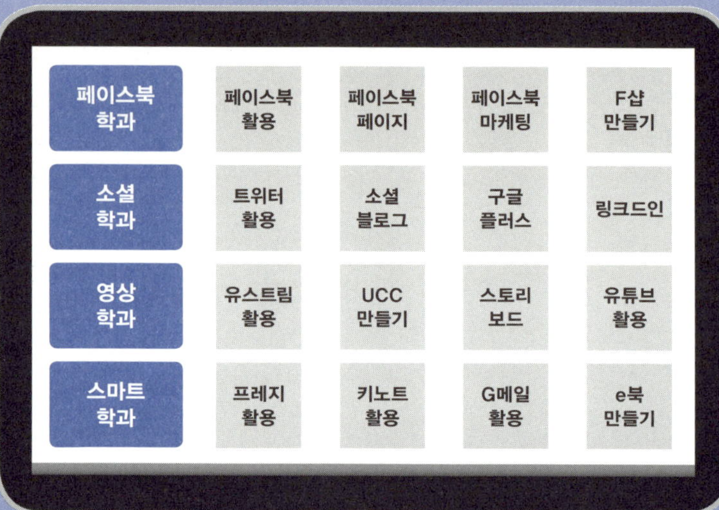

페이스북 학과
페이스북 활용
페이스북 페이지
페이스북 마케팅
F샵 만들기
소셜 학과
트위터 활용
소셜 블로그
구글 플러스
링크드인
영상 학과
유스트림 활용
UCC 만들기
스토리 보드
유튜브 활용
스마트 학과
프레지 활용
키노트 활용
G메일 활용
e북 만들기

새로운 길 '페이지'의 발견

소셜네트워크를 하면서 가장 놀라웠던 것은 레이디 가가가 오로지 SNS, 그중에서도 페이스북의 페이지를 이용해서 성공했다는 사실이었다. 필자는 '페이지가 대체 무엇이기에 이렇게 큰 위력을 발휘하는 것일까?' 하는 의문이 들었다.

인터넷이 널리 이용되면서 모든 기업이 홈페이지를 열어 고객들에게 정보를 제공하거나 홍보용 자료를 올려놓는다. 홈페이지를 이용한 전자상거래가 활발해지면서 인터넷쇼핑몰이 붐을 이루고 있다. 너나없이 홈페이지를 개발하고 쇼핑몰을 개설하면서 홈페이지 개발자들이 호황기를 맞이한 것은 당연했다.

하지만 사람들이 많이 찾는 홈페이지는 일부에 불과하고, 대부분의 홈페이지는 썰렁하다. 썰렁한 홈페이지를 보면 업데이트가 거의 되지 않는 개발 초기 상태인 경우가 많다. 홈페이지 개발업체는 의뢰자의 사업 특성에 맞게 홈페이지를 개발하는 것이 아니라 최소 기능만을 살린 카탈로그 같은 홈페이지를 만든다. 회사의 사업 내용이 바뀌고 신제품이 나와서 홈페이지를 업데이트해도, 개성이라고는 찾아보기 힘들다. 개발할 때 비용이 들고, 업데이트할 때마다 새로운 비용이 추가로 발생하는데 효과는 나지 않으니 기업들은 홈페이지 운영을 포기하기도 한다.

이러한 문제점을 해결할 수 있는 방안이 페이스북의 '페이지'이다. 페이지는 누구나 무료로 손쉽게 만들 수 있는 홈페이지이다. 프로그래머를 고용해 개발할 필요 없이, 몇 가지 메뉴 선택을 하면 페이스북 플랫폼 내에서 홈페이지가 개설된다. 미국에서는 애플, 스타벅스, 코카콜라, BMW 등의 기업과 레이디 가가 같은 연예인들이 페이스북 페이지를 120% 활용하고 있으며, 국내에서는 삼성전자, 대한항공, KT 등이 적극적으로 이용하고 있다.

비즈니스모델의 완벽한 재탄생

스마트 독서교육에서 시작한 교육 비즈니스가 페이스북의 페이지를 알게 되면서 머리부터 발끝까지 변화를 겪게 됐다. 기존 책의 콘텐츠를 동영상으로 보는 방식에서, 교육방송으로 방향을 전환한 것이다. 교육방송을 하려면 방송장비와 송출 시스템에 상당한 투자가 필요하지만, 소셜 방송은 스마트폰 한 대와 무료 앱 하나만 있으면 가능하다. '소셜 칼리지 Social College'라는 브랜드를 소셜과 스마트 분야의 16개 과목을 강의하는 소셜전문대학으로 만들 수 있었다.

문제는 손쉽게 진행할 수 있는 방송 강의와는 별개로 '어떻게 수익을 내느냐'였다. 소셜 방송인 탓에 페이스북 페이지에 들어오면 누구나 무료로 강의를 들을 수 있다. 그렇다면 강의를 하는 강사에게는 어떻게 급여를 지급해야 할까? 무료로 강의를 해 달라고 할 수는 없는 노릇이었다. 또 우리에게 수익이 생기지 않으면 소셜 칼리지는 반짝 이벤트로 끝날 수밖에 없다.

작은 수익이라도 나야 강사에게 강의료를 지급하고, 우리도 더 좋은 콘텐츠를 만드는 투자를 할 수 있었다. 그래서 생각한 것이 '가이드북'이었다. 수강하다가 조작 방법이 궁금해질 때, 참고할 책이 있으면 금상첨화일 것이다. 이 책 역시 e북으로 만들면 복사돼, 순식간에 무료로 나돌아 다닐 것이다. 인쇄된 책이어야 판매가 가능하다고 생각했다. 5000원 정도의 저렴한 가격으로 만들어 판매하기로 했다.

　5000원짜리 가이드북을 만들려면 다른 모든 분야에 들어가는 비용을 줄여야 했다. 자체적으로 원고를 쓰고, 자체적으로 디자인을 하고 인쇄를 해, 판매 수익의 일부를 강사에게 지급하면 강사료 문제도 해결할 수 있고, 우리의 수익에도 도움이 된다. 고객에게는 무료 강의를 보고 들을 수 있도록 하면서 강사와 우리는 가이드북을 판매해서 생기는 수익을 나누는 '프리미엄 비즈니스모델'을 만들었다. 소셜 칼리지의 비즈니스모델을 캔버스에 그리면 다음과 같다.〈그림45〉

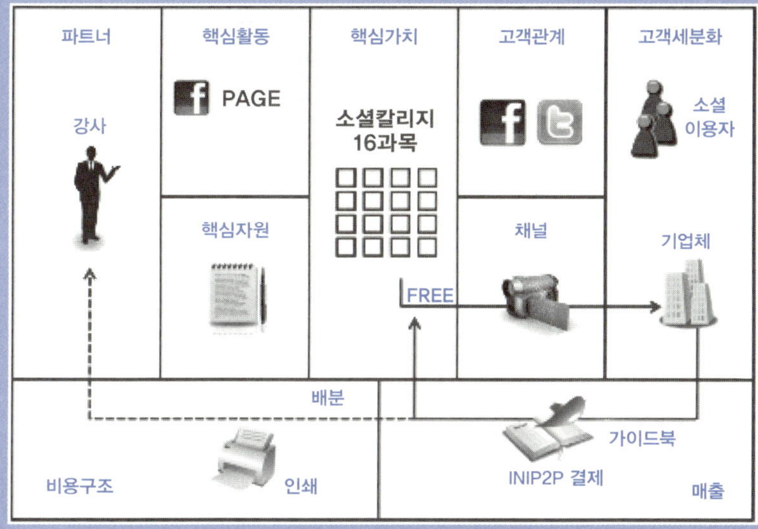

파트너
핵심활동
PAGE
핵심가치
소셜칼리지
16과목
고객관계
고객세분화
소셜
이용자
강사
핵심자원
채널
기업체
FREE
배분
가이드북
비용구조
인쇄
INIP2P 결제
매출

소셜 칼리지를 하면서 'F-커머스'를 배우게 됐다. 페이스북을 창조한 마크 저커버그는 최근에 한 연설을 통해 "소셜 커머스계의 큰 바람이 불어올 것이다."라고 말했다. 그는 페이지 기능을 추가해 F-커머스의 새로운 마켓플레이스를 만들었다. 이는 스티브 잡스가 앱 스토어를 만들어서 앱 시장을 키운 것과 일맥상통한다. 필자는 F-커머스 시장에 진입하기 위해서 필수적인 페이지 제작에 사업 기회가 있다고 판단했다.

간단한 페이지를 제작하는 것은 누구나 할 수 있지만, 상거래 기능을 집어넣은 F숍 페이지를 만들려면 비즈니스모델 전략과 약간의 기술적인 요소가 요구된다. 필자는 그동안 4~5개의 일반 페이지와 F숍 페이지를 만들면서 전문가들의 도움을 받았다. F숍 페이지를 만들면서 배운 내용을 중심으로 교육 프로그램을 만들었다.

F-커머스 제작 워크숍이라는 이름으로 교육을 실시한다고 페이스북에 게시하자마자, 신청자가 쇄도했다. 워크숍은 이론과 실습을 병행하면서 하루 동안 진행됐고, 참가자들은 직접 페이지를 만들고 여기에 결제기능을 심으면서 놀라워했다.

'F-커머스에 대한 수요가 많이 있고 직접 페이지를 만들고 싶어 하는 사람들이 꽤 있구나' 하는 생각이 들었다. 상거래가 가능한 페이지인 F숍을 만들어 사업화할 수 있겠다는 생각에 이르렀다. 곧바로 F숍을 만들어보고 싶어하는 사람들을 위해 '메이크F숍'www.facebook.com/makefshop이라는 페이지를 개설했다. 이 페이지에는 쇼핑몰을 만드는 방법과 운영 노하우를 소개하고 쇼핑몰처럼 상품을 올리고 결제하는 기능을 넣었다.

필자는 마치 은어 낚시처럼 먼저 'F숍'을 만들어 시범을 보이기로 했다. 은어는 흐르는 맑은 물에서만 사는, 이노베이터 같은 물고기이다. 흐르는 물의 돌바닥에 살고 있어서 은어를 잡을 방법은 마땅치 않다. 은어는 영토에 대한 집착이 강해, 자신의 영토에 다른 은어가 오면 공격해서 쫓아낸다.

그래서 씨은어를 낚시에 달고 뒤에 바늘을 늘어트려 놓으면 침입자 은어를 공격하려던 토박이 은어는 뒤에서 공격하다가 바늘에 걸리고 만다. 내가 먼저 F숍을 만들어서 수익을 내는 방법을 보여주면 다른 사람들 역시 F숍을 만들고 싶어할 거라는 전략이었다.〈그림46〉

전략은 잘 맞아떨어졌다. 국내 최초의 F-커머스인 F샵의 탄생은 이렇게 세상의 빛을 보았다. 대한민국의 수많은 비즈니스맨들에게 희망을 선사하며…….

〈그림46〉

facebook
검색
Make Fshop ▶ 반갑습니다!
컨설팅/비즈니스 서비스 · 서울특별시
고객을 끌어 당기는 "F샵(Shop)"
" 페이스북은 7억명의 고객이 모여있는"
지상 최대의 장터입니다.
이 장터에 나의 점포(Shop)를 무료로 만들 수 있습니다.
페이스북 점포인 "F샵(Shop)" 온 7억명을 끌어 당길 수 있는
자석과 같은 힘을 가지고 있습니다. 당신의 F샵을 만들어서
쇼핑카트에 고객을 가득담아 보세요.
make f shop
담벼락
정보
반갑습니다!
F샵 제작안내
F-쇼핑몰
자료실
비디오
트위터
더 보기
페이지 소개
F커머스 쇼핑몰 구축과 교육
좋아하는 사람
30
좋아하는 페이지
e-소셜스쿨 (e-Social School)
Facebook 모바일에서 Make Fshop에 쉽게 접속하세요!

F-커머스 신화의 주인공은 바로 당신이다

　우리나라 산업 구조는 대기업에 유리하게 발달해왔다. 대기업들이 막강한 자본력을 바탕으로 매스컴을 독점하고, 유통망을 장악하고 있기 때문에 작은 기업들은 고객에게 접근하기가 힘들다. 인터넷이 활성화되면서 포털이 성장해, 벤처기업들의 좋은 마케팅 채널이 되는 듯 했던 시절이 있었다. 하지만 포털의 광고비가 계속 오르면서, 작은 기업들에게는 결국 그림의 떡으로 전락하고 말았다.

　사정이 이렇다 보니 작은 기업들은 대기업의 외주 업체로 전락하고, 마케팅 능력 역시 상실해 버렸다. 자체 브랜드가 없고 마케팅 능력이 부족하니, 새로운 상품 개발이나 비즈니스모델을 시도해 보는 것조차 불가능해진 것이다. 이렇게 숨 막히는 상황에 새로운 공기를 불어넣어준 것이 '스마트와 소셜'이다.

　스마트기기의 보급이 일반화되면서, 매스컴이 지배하고 있던 고객 접근로에 새로운 길이 트인 셈이다. 소셜이라는 새로운 네트워크가 만들어지면서 고객과 직접 대화할 수 있는 채널이 열렸다. 고객의 손에 2천만 대 가까운 스마트기기가 들려 있고 이들은 매일같이 소셜네트워크를 통해 소통하고 있다.

2010년부터 불어오는 스마트와 소셜 열풍은 마케팅에도 혁명을 일으키고 있다. 그동안 대기업에게 유리했던 매스마케팅의 위력이 많이 약화됐다. 스마트와 소셜은 한 사람 한 사람에게 맞춰진 마케팅을 하는 원투원마케팅One to one marketing을 가능케 한다. 원투원 마케팅이라면 작은 기업도 한번 해볼 만하다.

페이스북이나 트위터는 이런 의미에서, 작은 기업에게 새로운 힘을 실어 주고 있다. 특히 페이스북은 소셜네트워크로서 인맥관리하는 데 큰 의미가 있을 뿐 아니라, 작은 기업들에게는 새로운 비즈니스 기회를 제공한다.

페이지에 결제 기능을 탑재하면 상거래가 가능해진다. 이것이 F-커머스F-Commerce라는 새로운 상거래 방식을 만들어냈다. 고객을 확보하는 일과 상거래를 할 수 있는 토대를, 무료로 이용할 수 있게 된 것이다.

F-커머스는 자본력과 마케팅력이 취약한 작은 기업에게는 희소

식이 아닐 수 없다. F-커머스를 이용하면 쉽게 고객을 확보하고 쉽게 커뮤니케이션할 수 있다. 이런 이점들은 국내시장에서뿐 아니라 글로벌시장에도 적용된다. 페이스북은 전 세계에 7억 명 이상의 고객을 확보하고 있다. 글로벌스탠더드가 된 페이스북 플랫폼을 이용하면, 전 세계의 어느 누구와도 마케팅 활동이 가능하다는 것이다.

3년 전까지만 해도 무명이었던 레이디 가가는 페이지를 이용해서 전 세계에 수천만 명의 팬을 확보하는 신화를 만들었다. 일본에 있는 작은 패션회사 역시 페이지를 이용해 국외로 진출해 성공 신화를 일궈냈다. 국내에서는 SM엔터테인먼트가 유튜브와 페이스북을 이용해 K팝을 유럽에 상륙시키는 역사를 창조했다.

F-커머스가 기업의 비즈니스와 마케팅에 활력을 불어넣어 주고 있다. 또한 모든 기업에게 새로운 비즈니스모델을 만들어보거나 해외시장을 개척하는 데까지 도움을 주고 있다. 대기업도 예외는 아니다. 누구에게나 열린 F-커머스의 새로운 세계에 도전해 신화의 주인공이 되길 바란다.